马克思主义稀有文献

《夏 声》

一九〇八年第四号

张远航 主编

中央编译出版社
CCTP Central Compilation & Translation Press

夏聲

一九〇八年第四號

本社緊要告白

本雜誌雖非爲謀利起見。然過於虧損。力亦不支。原章日幣一元。以內地庫平銀七錢二分作折起算數月來日幣騰漲。本社受虧甚巨。自本雜誌第二號起照從日幣時價(每一元合銀八錢六分英洋一元一角五分)計算。俟日幣跌落。再爲佈告聲明仍從原章。本擬於二期聲明因印刷不及故附於本期內。再內外各代派員之酬報原章十分以上者九折。五十分以上者八折。百分以上者七折。今因成本過重頁數加增擬暫定爲十分以上者九五折五十分以上者九二折百分以上者九折特此敬達本社各代派所及訂購諸君　公鑒。

本社敬白

願爲本社代派處訪事員者鑒

本雜誌發行以來。內地機關。尚未布置周到。無論本省各省凡有願爲本社代派處及訪事員者。請逕通信本雜誌社事務所。或各地代派處。本社即將代派及訪事章程從郵寄上。至其一切酬報定照原章辦理。決不失信。

本社謹白

代派員諸君公鑒

本雜誌自第一號發行以來均按日本郵章貼加郵費不意內地各處尚有重加郵稅者致各代派員紛紛函問按我國與日本關于郵稅一事已訂有特別條約凡在我國通商各埠皆與本國無異若日郵不通之處（如陝甘雲貴等）每冊加郵四分若係小包郵便尚可減少乃內地各處於日郵外每冊尚徵至五六分之多或係郵差苛索或係舞弊中飽吾國郵政之不發達未始不由於此本雜誌自第二號後已經日本郵便局認為第三種郵便此後郵費較前減少但內地之徵收恐依然如故以後定行設法務水落石出而止至以前所加郵稅請暫於售賣時酌加可也　再陝西各分派處報費如不能直接寄本社者請均交西安教育總會南雪亭先生收存為盼

本社代派各雜誌一覽表

名目	冊數	定價
雲南雜誌	全年十二冊	全年二元半年一元一角零售每冊二角郵費在外
四川雜誌	全年十二冊	仝
河南雜誌	全年十二冊	仝
粵西雜誌	全年十二冊	仝
關隴雜誌	全年十二冊	仝
江西雜誌	全年十二冊	仝
滇話報	全年十二冊	全年壹元半年五角八分零售每冊一角郵費在外
學海	全年二十四冊	全年六元半年三元二角零售每冊三角郵費在外

以上各報均在東京出版內地各處如欲訂購者直函達本社或本雜誌各代派處亦可但與本報同務必先交全年或半年報費郵費否函無效至郵費之多寡與本雜誌同

本社敬白

本社名譽贊成員

謹以先後爲次

陝西茹君欲可　捐助日幣二百元

山西景君耀月　捐助日幣參元

四川鄧君　絜　捐助日幣參元

山西相君黃六　捐助日幣參元

山西張君起鳳　捐助日幣參元

山西張君士秀　捐助日幣伍元

江蘇俞君劍華　捐助日幣伍元

江蘇何君瑞峯　捐助日幣貳拾元

山西景君定成　捐助日幣參元

山西喬君宜齋　捐助日幣貳元

直隸杜君　義　捐助日幣貳元

湖南陳君柯　捐助日幣壹元

山西邵君鉞　捐助日幣貳元

山西陳君玉麟　捐助日幣參元

山西張君之仲　捐助日幣參元

山西閻君燕桂　捐助日幣參元

山西王君士選　捐助日幣參元

直隸張君信　捐助日幣參元

山西李君鏡蓉　捐助日幣貳元

河南燕斌女史　捐助日幣參元

河南李君殿聲　捐助日幣伍元

陝西李君自新　捐助日幣伍元

陝西劉君士楷　捐助日幣貳元

陝西牛君翰臣　捐助日幣拾元

本社第二期名譽贊成員

新疆　蔣舉清　捐助日幣伍元

江西　葉鎭東　捐助日幣參元

甘肅　陳宗　捐助日幣五元

陝西　高冠英　捐助日幣五元

陝西　雷崇修　捐助日幣五元、

湖南　劉孝叔　捐助日幣壹元

山西　雙目子　捐助日幣參元

山西　志自善　捐助日幣貳元

安徽　江國屏　捐助日幣參元

湖北　吳震缶　捐助日幣貳元

安徽　姚定國　捐助日幣參元

本社第三期名譽贊成員

陝西李君博　捐助日幣拾元

陝西李君協　捐助日幣拾元

陝西雷君寶芸　捐助日幣伍元

陝西馬君宗燧　捐助日幣貳元

甘肅原君志迴　捐日助幣參元

陝西陳君樹藩　捐助日幣參元

山西南君桂馨　捐助日幣貳元

本社第四期名譽贊成員

浙江葉君華伯	捐助日幣伍元
陝西薛君 驊	捐助日幣伍元
陝西劉君觀光	捐助日幣貳元
陝西高君晉熙	捐助日幣參元
陝西李君述華	捐助日幣參元
尹 公	捐助日幣伍元
陝西李君丙昌	捐助日幣參元
陝西李君伯符	捐助日幣伍元
陝西王君震良	捐助日幣貳元
陝西陳君同熙	捐助日幣參元
陝西盧君潤瀛	捐助日幣拾元

陝西第一牧場廣告

陝甘北境邊塞綿亘數千里野濶天空水草肥美其
地宜牧已不待贅近者皮革毛織服用日廣牧業宜
興亦日急本場同人鑒茲始先集合小資本擇地於
陝西楡延間開辦俟有成效再圖擴充曾蒙升撫曹
中丞批準允爲咨部代奏立案其資本共集二十萬
元分三年招齊自去歲經營以來頗多贊同股額已
售過半誠出望外牧地採擇畧定不久即可開辦餘
股願入者請向本場總事務所或各分售股處索章
核辦可也特此敬告

西安省城內

陝西第一牧場總事務所啓

擇墨

碧空

物競炎炎人治冥冥社會動搖之象日甚一日憂世之士洞察時勢之緩急欲作民氣以保持國家流風所播將使數千年來聲銷影沉之墨學勃焉有復興之觀嗚呼此豈莫之致而至者哉蓋戰國學派之競起多以維持社會爲根極墨學則尤著焉者也吾不敢謂今世之士果具有如此之眼光之思想之魄力足以供社會之要求吾亦不敢謂社會之所以要求者悉在此具有是眼光是思想是魄力之士顧羣內有欲動之機羣外有迫動之力二者相待而勃興之象呈。雖然墨學尚矣。墨學之流派亦多矣。孰爲得以有救於今日之社會爲得非可茫茫然假一說以欺惑愚衆也故墨學之流派有三。一兼愛一游俠一名理以禁攻寢兵爲外。以情欲寡淺爲內。其流有在於此者兼愛一派是也其立說非不正其陳義非不誠其備世之急亦非不具然而施之於今日之社會則失矣蓋戰國兵禍類出於同種相殘識者恥之且皆兄弟友邦之偶有不睦非與夷狄盜賊之不能兩立也今世異種之競爭烈矣而我族之武力又特絀焉使假此說以欺惑愚衆是世未大同而我自大同也其願天下之安寧以活民命恐不起以活之適以賊之禍莫甚焉以堅白同異之辯相訾以綺偶不仵之辭相應其流有在於此者名理一派是也夫循名責實即物窮理亦名家之本務讀墨子經說上下大取小取諸篇暨公孫龍子白馬指物諸論方諸希臘詭辯數家其影響於當時之人心者正未易判其高下然而施之於今日之社會則失矣蓋吾國名家乘天下之終不可治而起者也大義不足以自立甚或於根本主義亦徒治怪說玩琦辭以眩惑人心辯而無用誠不如其已也然則墨學之中求有救於今日之社會者其在此游俠一派而已夫游俠之起其源遠矣論世者不察至概以不道之士目之誠以戰國之俠與三代之所謂任者較其氣量之廣狹規模之崇卑宗旨之純駁不無差異然究其精神之所寄何一非社會安危之本原是任與俠

一而二二而一者也墨學特激發之救正之已耳至混合而衍爲學派亦時勢遷流人心傾向使之然墨子又烏能主之哉所謂有救於今日之社會者何在乎其一則民權可伸也近世承前儒術濫用之弊學者立說務神聖君主而奴隸人民尊卑貴賤之等差雖毫髮無敢或犯而豪族凌民之事又時時起於鄉里間人民昧於天賦人權之說即至財產生命無能自保矧今朋黨相援恣欲自快實爲濟私而假名於公者又介居於官民間也使非有游俠起而矯之修行砥名急公好義不愛其軀以赴人之困阨則社會沈淪伊於胡底雖或國體改革亦彫朽木污糞土之墻類耳夫歐洲民權之說倡自盧梭即其立論之旨皆當時階級制度之習有以激而成之游俠之起於戰國扶弱抑强固以行不以言即其宗旨所在實欲代國君以保生民此所以有民權可伸之說也其一則國力可强也夫生民之初人習於戰致龐傑野號爲野蠻迨夫文治日啓斯武健日消以希臘羅馬之文明不能敵日耳曼戈爾諸蠻族至中國秦漢以後之夷禍更無論矣今世尙武之國孰與德日究其軍民教育之精神皆外强其軀而內作其好戰致死之氣中國之有游俠也亦猶日本之有武士

道也乃彼則視爲國魂而我則斥爲國蠹摧折遏抑導斯民於守雌畏死之途而不自戒誡使游俠之徒出損己而益群捐私爭而勇公戰鄉曲閭呂之間儼然有小戎駟鐵之風則社會積弱之弊可除自古國羞或者不至再見不此之務徒守夫宋儒之說以勇爲不美之德又或取自古詩歌備道從軍之苦以銷磨國民尙武精神則亡種之禍知不遠矣此所以有國力可強之說也其一則群界可明也人群之爭有群內群外之辨爭於群外者強爭於群內者弱此自然之理也戰國豪强兼并群內之爭也戎蠻交迫群外之爭也游俠之徒知群內之爭不息則群外之爭不競故曰以非攻兼愛之說倡率天下其義可以知已今世群外之爭烈矣我族處之或且不能與之爭而至爭於群內以故殊死相枕戕殺相望而還伺者皆得挾其堅甲利兵以肆其侵略自來民氣彫殘莫斯爲甚則夫社會之危可以知矣吾聞夫歷史學者詆我族之歷史也曰膿血史曰相斫書心焉恥之而無能爲辨因轉疑古先先學者之何味味也及究夫游俠之所以興始知其義多在於此則繼今以往衍其派而發揮之光大之庶幾群界之果克明乎此所以有群界可明之說也夫茲三事者皆游

俠一派之所長行之於今日之社會中最爲得者也雖然墨學者舊學之一耳游俠又墨學中之一派耳今通達之士謂吾國學弊已久徒恃夫固有者必不足以存國舉凡名理政法實業諸學無不求之於西方則如以上三說其必有圓足之學理勝游俠一派多多者固無疑也然而學理圓足與行事所關至少使吾國而爲研究學理之國也吾詎不舍此而取彼爲顧斯時則非也游俠一派本自實行衍出宗兼愛者不能具其作用述名理者不能有其魄力故戰國秦漢之間守墨學之義以維持社會者此派爲多獨惜夫當時學者不能於其主義實行之日經緯之使成爲學說一若他派致使公孫宏誅郭解而游俠之行遂絕跡於世自是二千年來民權屈而不伸國力弱而不强群界昧而不明滅亡之禍前後相繼外族侵入之勢今又特加而時時且抱有種族淪胥之痛焉亂世之法莫壞於紲斯民之武力而驅之於馴柔夫而後上下相枕以亡莫之能救史公游俠傳之作其致慨於當時之世風至深而懷憂於後世之天下又至遠也且夫墨學倫理之法則在絕害人之念與存救人之急之義二者而已游俠者實守此存救人之急之義者也故楚之攻宋赴其難而死

者七十二人漢初朱家田仲王公劇孟郭解之徒亦以救人之急至扞當世之文綱其事之大小不同其義一也義之所在利害不足累其心榮辱不足亂其情生死不足折其氣得公敵而殉之決然如遠遊之還鄉而無所顧悸焉斯豈無所爲而爲之者哉自來緩急相需亦人已間不能或無之事道喪俗儆舉斯民而習於涼薄肝膽楚越何有人已其平居大抵然耳一旦已有其急則呻吟咨嗟怨人之曾不已救謂他日人有其急已必不効此等涼薄之習及時果至矣而言行乃適相反嗚呼不有游俠誰守斯義者今之吾國社會之急日衆率獸食人人將相食之言不爲過矣吾意必有此派者出乎社會之間以篤守斯義於不渝社會要求於我固將實行之耳即使不我要求亦將以精神相感昌民氣於摧殘之餘俾民權由屈而伸國力由弱而強群界由昧而明其庸多矣此第就守義行事言之也若夫學理自不能完全而無缺採擇而補益之西方有聖人吾固願列炬張燈以迎之也特先後緩急不無權耳不然大義未明公是未定死機伏於社會洪水深於人心語以晳種之說安知不掩耳而驚走耶世雖先空言而後實行吾則欲先實行而後空言所謂日暮途遠不

得不倒行逆施者也噫夫世運艱難種族危亟學術相爭莫衷一是意者其皆持之有故乎其皆言之成理乎然而按之於社會人民之心理適者少而不適者正多醫者之於病也必察夫受病之源而施之以藥症有未對雖玉礫丹砂赤箭青芝之材有弗貴也症苟對矣雖牛溲馬勃亦得有起死回生之功何獨至於學說而不然耶今取古今學說而意不在乎人民痛心疾首之處甚或慮百年以後之遠患反昧目前故一說之出恆無足以風靡社會言多功少一若學說之無益於國日本維新之初號能倣傚西洋矣然國是之定則在乎舊學而不在乎新說蓋本族之心理最易爲本族之學理所感化宗教風俗言語文字有一異者即不能有其功也吾國改革之端固倍難於日本然如以上三事苟人人蓄懷舊念以相提撕慕往昔而恥方今則根本解決吾知不遠即游俠一派任之亦自易易耳故吾謂興舊學而不擇墨則人民相憎之惡不除擇墨而不取游俠則痿疲痲木之疾不起竊竊然豔文明之塗澤美外觀而包禍於內而欲國之不亡種之不奴四千年來之文明不至盡斬其可得乎其可得乎余愧乎通達之學是以上不敢爲高尚之說而下不欲取功利之術

陝甘山川險要及古今攻守得失論

思駬

日月昏頹關河淪喪宗社之祀絕矣豪俊之興涉焉雍涼之際寧不然哉瞻觀往古制中國之命成非常之功者莫雍涼若周秦之起以有雍也劉項之相持也項籍棄關中而不守以資劉季而漢興矣漢懲秦弊大封功臣韓信黥布之倫朝受命而夕稱兵繼起者七國高祖死于介胄之間而未能患也呂氏以一婦人制之天下奄然無有大患延及文景賈誼效謀于前亞夫陳力于後卒能芟夷豪強平定禍亂雖曰人事亦奠都長安形勢使然也當是時。匈奴入寇亦已久矣漢初規模未立隴右諸郡未能比迹三輔故文帝三拒匈奴亦僅因其來而逆之未能使之畏憚也及武帝置朔方刺史察朔方六郡又置武威敦煌酒泉張掖諸郡趙充國復建屯田河湟之策遂終漢之世邊患滅焉豈非西涼又雍之屏蔽二者入于我斯好兵之徒內無以遏其志羶腥之倫外無以啓其心哉迄于漢末董卓肆行兇虐關東州郡悉舉義師卓逼車駕遷長安而自屯雒陽取進戰退守之勢河內酸棗潁川魯陽之衆莫敢進也曹操繼起中原之勢歸掌握矣馬超韓遂以隴西部曲逆之潼關操幾不免夫曹操智計殊絕于人其用兵也髣髴孫吳而敗于超遂之手者操軍蒲坂而超遂據關所用之地異也諸葛亮之才也無關中而中原不能取矣東晉義士之慷慨也不能規復關中而江左以偏安終矣故五胡之後苻氏據秦則獨強張軌稍有縱橫之志他如呂光李暠禿髮烏孤沮渠蒙遜之流非有特絕之才而當羣雄擾攘之時並能割據姑藏廉川敦煌張掖之間則多者數傳少者亦再世始滅劉裕之滅姚氏也以計殺王鎭惡赫連勃勃乃自統萬至長安稱帝西北莫雄焉天厭赫連子昌立而見俘于魏然勃勃不死據有長安其地南阻秦嶺東戍蒲津西收隴右北薄于河則方與之勢豈有旣哉何劉裕以草澤英傑比隆漢高知關中險要不欲以資鎭惡而忘赫連拓拔之足畏移晉祚後因晉舊都不復以關中爲念卒以失淮北淮西之地而中原仍不可復異族宰制厥禍爲酷迨齊梁陳遞相篡取無過建康抔土版圖日蹙國勢彌衰焉豈眞長江足以限南北哉劉裕棄關西之失策也高齊與宇文周並起

周非齊敵矣然周據有河西卒以幷齊及楊氏起席其餘緒取梁幷陳天下一焉煬帝失政羣雄蠭起秦有薛舉涼有李軌襲先人之迹觀天下之變王業之興未易量也乃內自攜貳相爲翦伐適以資唐李之驅除耳李世民以英武之姿首發難即定入關之計又從任瓌之說自梁山濟河指韓城逼郃陽關內望風降附使建成屯永豐守潼關以待東兵而世民徇渭北營涇陽略定平涼安定諸郡唐業成焉故任瓌者可謂漢之婁敬矣安史之亂李郭奮力長安克復仍于舊都其武夫戰卒功至侯王者疆域相望國門之外皆爲强敵然猶與奪時行誅賞未歇唐得久而不亡固羣豪維繫之功亦畿輔鞏固之力也及黃巢煽亂所在響應唐室始微威令不行而後乃見篡于梁耳梁朱溫起于盜椎牛屠狗之豪昧于天下大計故去而都汴後唐莊宗紹父之志滅梁後復幷秦隴足以有爲矣而死于伶人之手有其地而不能用終致石晉召契丹開歷代東夷之患其他乘時竊號不可勝數惟宋能規一統之業其都汴也猶曰終當都關中以守成者無大略遂終于汴關中則漠然視之後以備西夏之患始分陝西爲四路又分爲六路合爲二路稍稍移范仲淹富弼諸要臣鎭之

西鄙賴以無事南渡而後君臣荒嬉良將勁卒斬除而放置之殆盡然陝西未亡荆襄淮甸無恙也及虞允文之策不用而史浩詔班吳璘之師吳玠之言不行而張浚有富平之敗大事始去矣故陝西諸道金人得之而宋始危蒙古得之而宋斯亡者也蒙哥之遺忽必烈也畀以河南陝西之地令自擇而王之忽必烈先軍關中此豈非天亡宋哉及元之衰劉福通振臂潁上南北響應濠洲眞人繼之維時關中乃棄于李思齊張思道之二人者以不奉元命連兵拒擴廓而勝之者也明祖利用其時以取關中元乃失西北之臂使非然者擴廓以關隴與太原密結元都聲息相通明祖雖能斷山東其如中原何天不以之輔元益以見關隴之形勢利便而終不爲異族用也迄明設九邊以衛中夏雍涼獨有其四爲榆林寧夏甘肅固原然禍不起于外而起于內李張號召饑饉之民出關而天下騷動首都覆沒其卒也吳三桂以迎敵爲勤王而以成未有之變局矣由是觀之雍涼之于天下豈不甚重而處今之時雍涼之材俊安得不紹我先烈使天下益曉然于古事之不妄而祖光益耀于今也吾以是感于陳迹爲次其險要沿革及古今成敗興亡之節截之簡册詔我邦民雖

今時變勢殊金湯夷其險貲獲失其力然思我先哲鑑于往轍風雲之會庶及吾身而親見之

易曰、王公設險。以守其國。蓋險要者攻守之所資故其變遷沿革率視乎行軍用兵之道而戰禍愈烈之世即其變遷最著且速之時雍州之地能用之者始于周然姬姓發迹戰爭劇于大河南北太華終南之間無險要之可言舉變遷之可紀也周衰。諸侯並起天下形勢在于成皋虎牢秦穆崛起霸業告成關外諸侯稍稍注目西北矣然秦之戰役伐晉爲多崤函則爲之衝而又非秦有戰于涇者屢皆晉逐秦北至此即麻隧之役亦未嘗久於戰陣內地戎狄雜處爭鬭之事時未能免然逐水草而居之倫非有敵國與王之勢草薙禽獮惟秦所欲皆無取城郭險阻之爲備也降及戰國秦疆益闢併吞勢張而出師之途日多縱橫之徒始以險要相震門戶堂奥分其鎭腹心指臂聯其形其時北則雲中九原也地本趙有武靈王嘗欲從此直南襲秦論者每惜其不果及匈奴強趙不能制失河南之地秦始皇收之分爲四十四縣遂爲秦北重地秦欲有事于燕趙之郊而韓魏爲之梗則雲中九原爲奇兵必出之道南則武關黔中而秦之南下也志在荆楚黔中較偏于西故武關于秦尤重于黔中當關之在晉也秦未嘗敢與楚以戎衣相見也其後穆公知不得武關不足以制楚始與之爭商密矣得商密取武關之漸取武關平南服之謀也故齊畏秦之强則說楚以奪武關秦紿楚則餌以武關外之地僞爲易黔中者後楚懷王入秦秦使將兵遮武關絕其歸路懷王卒以不返其阻限南北固關輔而制襄鄧爲何如哉及是時崤函已入于秦故范雎曰秦左關坂蘇秦曰秦東有崤函之固東之險要莫逾于斯山東諸侯屢合兵攻秦莫不至此而敗其地並跨豫省在陝者今潼關也范雎又曰秦右隴蜀指隴山而言是爲西面之險以非爭奪之區輕于雲中九原武關函谷矣然三晉之亡也自魏納陰晉始陰晉爲今華陰則在東者潼關之內華陰亦當時要地又秦孝公城商塞曰嶢關曰白羽城曰蒼野聚則南于武關外復有數塞亦所以張武關之勢是秦于戰國之形勢也始皇一統天下寧謐北築長城匈奴遠徙其他名城隳焉鋒鏑銷焉山川險要盡于此矣二世失政陳勝吳廣起兵于蘄秦嘉起兵于郯田儋起兵于齊項羽起兵于吳沛公起兵于沛皆以亡秦爲名長驅西迫

于是形家之說復起得地者王失勢者亡其得至秦者劉項而已然迹秦當時險要在函谷武關武關完則函谷無內顧之憂函谷守則武關收指臂之益二者輕重無軒輊也顧秦以寇師多在河南備函谷而疎于武關沛公乃避堅攻瑕自南陽趣武關繞嶢關踰蕢山而至嶢上遂降子嬰入咸陽而函谷之軍不爲秦守矣沛公既王關中遣兵守函谷項羽使黥布自間道破之遂入關軍霸上是又武關無事函谷破則秦亦不守之明證秦失險要于沛公而秦亡沛公復失之項羽以延紛爭之禍險要誠重哉自是雍州之王四雖漢王最得形勢南可以收用巴蜀北足以還定三秦而南北通道以子午褒斜爲險故漢王之國經杜南入蝕中而張良送至褒中說以燒絕棧道雖云示羽無東意亦畏三秦之襲其後也棧道既絕漢王東征乃別開西路而陳倉變爲阨要之區守陳倉者在散關散關遂與東函南武同重故漢王一出散關而章邯敗三秦定帝業基焉又南自武關出宛葉東自臨晉渡河海內歸一蓋臨晉亦當時河西鎖鑰東險次于函谷其後賈誼有備三關之說誠知抗制東南臨晉亦一要塞也漢既稱帝險要略因秦制防守大勢無或變更故吳楚反其臣田伯

祿與桓將軍。各建奇策。仍一欲將別軍入武關。一欲食敖倉塞函谷。惜其不用。亞夫得以奏功。誠使二計得行。山東奇兵。復自飛狐太行。暗襲臨晉關。中腹背受敵。一關破而諸關瓦解。漢亦危哉。蓋自戰國至是。發難者多在東南。收功者多在西北。而關中往往以獨力抗天下之師。故一時形勢。東南重而西北輕。隴塞皆在陝西。而甘肅不與焉。及漢高見困白登。匈奴漸逞。西北邊防日急。于是朔方始重。文景而後。藩國分而勢力微。無內顧之憂。漢乃專事防邊。令隴西金城諸郡屬涼州刺史。捍衛西宇。當此之時。朔方涼州爲最要。衛霍之出師。定遠之坐鎮。莫不以此。及撻伐既張。漢南無王庭。西北邊備始漸弛。焉王莽代漢。義兵四起。東南之險復重。故翟義等兵起。莽遣武讓等分屯函谷武關。而當時成敗之數。亦莫不決之于此。及莽之衰。天水則有隗囂。河西則有竇融。安定則有盧芳。惟赤眉據長安。聲勢最盛。形勢一變。突然最爲盜藪者。莫如南山。以其中盤迂迴遠。深巖邃谷。不可殫究。故赤眉出沒。皆取道于此。天水則北連沙漠。南帶汧渭。人民強悍。地形壯偉。河西亦兵精民實。北絕河津。足以自守。而天水之生命在略陽。河西之羽翼在高平。故來歙取略陽。則隗囂爭以全力光武至高平第一而竇氏率其屬歸順盧芳雖有雲中九原具南臨關輔之勢然河西天水實其指臂指臂失五郡亦隨之而下矣而一時最稱崛強與漢爲大敵者爲蜀相持極在散關然延岑一敗于王嘉李育再敗于馮異蜀卒不得散關復爲漢滅矣舊物光復天下久安無事及董卓之亂險要復爲豪傑所爭蓋關隴自此數百年無復寧日豈非天下有不爭爭則必在陝甘哉　（未完）

吾生今昔之感言（續第二號）

劍人

所言惟何。曰今日之世凡立國於大地之上者皆以亡人之國破人之家爲事之時且含亡國破家而即無第二之事大於此者蓋湊迫於時勢所不得不然非好爲是殘賊不仁誠以強弱至不一致之家國立於其間則一彼一此利害得失均不足以相消故其終極他人即不必處心積慮以圖之而浸微浸削日就月將不知不覺之間已內而失其固有之生機外而喪其同等之鈞衡又況取亂侮亡爲人世慣用之長策且一局之分崩致排異邦之鐵火各爲保持其國利民福計更安容此肇衅啓

禍之家與國雖處其際優遊歲月也哉吾之爲是語非過甚其辭呼號以走於世之
謂蓋鑒於今日國亡家破者之可悲因於今日之有國有家而未破未亡且不知其
將破將亡并不知何途之從而始底於亡其國破其家者痛也國破家亡之已成鐵
案者不足言矣後顧茫茫其亡其亡相隨屬而未有已前車轍蹶來軫方遒凡今之
有國有家者安所得於此家國比鄰之際委蛇其間曰我不欲人之加諸我也吾亦
欲勿加諸人也耶我之進也則人退人之進也則我退拒之不可容之不能故不得
已一競爭而人我之進退以分再不容已一周旋而人我之關係愈密各挾其頑强
偉大之國力交相勝逐窮至其極利益求其相等交際因以日深故今日號曰攘土
地人民而不欲亡人之國破人之家者未之有也且不欲焉不可得也抑今日又安
所得奄有廣土衆民而不懼人之亡其國破其家者雖不懼焉不可得也惟其懼之
是以朝夕所苦心焦思者求免於今之世而已求免於今之世奈何其戰勝他人之
資格質言之即戰勝今日而已矣今日者何吾前已言之經緜延之歲月物我之交
戰蟲豸之相搏天然之障害漸就消除物質之文明日以發舒以人世歷劫之改造

智能之發明始有今日此其間興亡轉變勝敗更僕立於今來古往之交俯仰陳迹前遞後遞亦不知何者爲是何者爲非但旣生存以至於今日更欲繼續其生存而與淘汰決應時之戰勝焉則凡形成於現世界而欲得應時之生活者必一方爲抵抗以保衛其舊有之機能又同時必於一方爲吸收以擴張其化合之新機而國家之需此也尤亟故陸無千里萬里之遙水無大海重洋之限國與國鱗次而居族與族麕集而來於此則輔車脣齒不足以喻其親於彼則喋血剝膚不足以伸其忿此國之一舉一動見嫉於彼國彼族之一言一事見猜於此族爲好爲讐皆膠結而不可解當此之時勿論何國家何種族有似夫游渦之佛各謀適於生存之道舍取非其有則岌岌不可終日厠足環球之上任取一國而覘其國是自其表言之政治之完密也軍事之擴張也經濟之發展也無在不足以蠡其國家之能事自其裏言之則此有家有國者實未有不富於運掉此政治軍事經濟之能力且舍數者之外即無發動其能力之餘地旣以此爲唯一之生命則此有國有家者其心目間雖曰爲其家國謀而其計畫之範圍必逐逐於家國以外乃足以遂其注措設施而其國其

家始因此有滿足之經營而有此家國者又必因此始能具享有家國之資格也無疑故凡今之人苟非爲無國之民則應夫當前之時勢於決鬭今日之武力舉可以促其身家與其國進之進步者未始不竭蹶以圖之誠是也然使不於其內而對於此有國有家者之及身俾爲圓滿之發達及時逼勢迫欲此家國之對於外挾種種之政策遽然爲充强之演進也豈可得哉豈可得哉因是而有國有家者重念其家國無時無地而不與外來之家國相爭衡也對於在己之家國欲謀强大之增殖必先根於此有家有國之自身求其進行之穩健所以在朝在野無不進國人日日而討論之事事而訓諫之內實既充外緣逼至苟有一地而罅隙可入焉不爲斯須之後時不爲累黍之讓步擲其全力以貫注之及不得已而兵戎相見血肉横飛勝敗攸分必有一不堪問之當時有國有家者至於今日遂爲他人干戈盟誓間之品物此所以方今之亡國破家者數見不鮮而蠶食鯨吞之威力愈大莫與京所謂文明者益曰臻其普及也

雖然猶是土地猶是人民其獨能戰勝今日者雖由應夫時勢之推排而具種種之

實力焉然當其初也豈不畏人有時而亡其國破其家也哉及其居戰勝之實又雖曰由於一方之消滅有以助長其發强焉然其懼人之相逼而來皇皇爲保衛在已犧牲他人之策更無已時是以數十年之慘澹經營方告厥成功又運其陰謀掉變方針而從他方以進行矣審如是則今之有國而亡有家而破者雖曰失戰勝他人之資格有以致之揆其原因是直不懼人之果能亡其國破其家故不思所以戰勝之方不幾何時事機交迫及於今而倏焉以亡始太息痛恨於爲人牛羊之慘雖舉國而斷脰決腹於國亡家破何益之有哉嗚呼歎匪遙之殷鑒大邦來俎肉之悲痛一發之戎機九土啓瓜分之禍他人不暇自哀吾之將破將亡者代爲哀之所謂路人過墦間而欷歔太息者傷非徒傷也傷其終不免於是而且有不如生我先者得其死所之爲愈也今日者宗國巍然以大國稱而國不國矣究其內則數千年立國之元素至今日而剝蝕以盡有本實先撥之憂觀其外則横自外來之强力逼拶而來有朝不保夕之慮徒擁家國之虛名實則雖未破而如破雖未亡而即亡立於未破未亡之先雖爲將破將亡者道鑒於已破已亡之後實爲未破未亡者危謂予不

信試一返觀內顧必將有慨於予言然吾對國人而咨嗟慨息於國將亡焉家將破焉人豈不曰吾之國猶是也家猶是也進而吾之政府吾之人民亦猶是也且方今之政府方今之人民皆各挾其文明之幟以互相揭櫫匪惟吾國吾家無覆滅之憂且吾國吾家將自此而有長足之進步與列强角逐者將在是也乃予何所見而爲是不祥之語大聲疾呼曰國破家亡也耶嗚呼我今且勿言家國請先言吾生蓋所謂家國者因吾生之積而始完成即因吾生之行動而還爲保障吾前旣言之矣故吾生先此保障即無種種之事業以表現於外而有家國分崩之禍（家國與國家文句只一顛倒而意義大有分別篇中言國家與言家國之處皆各自爲義非徒錯綜文字而已）然吾生而欲取得家國如何之保障必先求吾生厠身於此家國之間對於此家國有若何之能力負若何之責任故家與國爲虛器有若何之人民斯有若何之國家害於而家凶於而國者必此有國有家者無掌握家國之能力因而放棄家國之責任而家國遂不能不破敗隨之是則且勿論家與國果歸於破亡與否只還以詰有此家國者果能備今日有家國之能力與夫今日有家國之責任否也果其備之則吾國吾家

豈獨無隨地之憂且駸駸乎無在不伸其乘併之威而吾生又豈獨不爲無國之民將一話一言而可以左右世界矣但自問而不能應時有此能力盡此責任吁嗟吾生首被其殃不待言矣家國何辜乃亦因吾之故而永被魚肉之惡名以去豈不重哀而太息哉吾爲此懼深有慨於今日之吾如故而吾生所遭之境則非以昔日之吾而立於今之世焉難乎其爲吾生之現在矣以今日之世而又得吾生消極之助長焉（人曰欲亡我之國而我則俯首帖耳以聽之即此之謂）奈之何亡國滅種之禍自玆以後不更於今爲烈耶故吾生者家國存亡之所從生不問吾生之如何徒曰國將亡焉家將破焉宜夫爲我有邦君子所掩耳而弗聞然不問吾生之如何而日遁其詞曰平和之改造焉急進之建設焉又宜夫爲我邦人諸友所搖脣鼓舌嘐嘐致辯且更利用以遂其一己之私而以爲家國之能事盡於此焉也但一考其行則此家焉國焉又實爲吾生轢轢蹂躪之資而家國之於吾也匪獨無毫毛之益反以增無窮之累一若吾生之疾首蹙額無秒忽之自由者因此家國有以致之使一旦去此家國則遊行自在無往不利焉然吾生又適不幸而與此家國有不可須臾離之關係勢不能舍家國而別有

生活之地（穿衣喫飯住家乃人生生活之一端且爲形質之生活至精神之生活則自囟地至於人士之動作皆屬之此言生活包此二義）今既不能直接間接以助長此家國俾其還以爲吾利而吾之希求於此家國者日益以奢卒之舍斷喪此家國以塞目前之慾望也別無他策故吾人畢生之行動不外與在己之家國互相挑戰而已矣他人以家國爲生命而吾以家國爲仇讐他人心力交瘁以爲家國計因家國之發榮滋長而小己是突飛進步之觀而吾則反因家國而懷跋前疐後之憂故其行動舍與家國相背而馳之外則吾生一日即不能立足於此家國之內（此非憤世不中理之談其意即邦人俗諺所謂張開眼睛喪德之意能知此語真意則吾之立言爲不謬）國自國而家自家吾生既日日憑藉此家國之中事事又遁逃於家國之外吾生已久爲無國之民無往而能得家國之後援今又一旦與家國嗅咻有素之羣爲威力之交綏幾何不破棄其權利而甘居劣敗之地至進而爲籌策之爭執更幾何不震驚其刼持而生內噬之心也哉噫周道挺挺環來强鄰之竇憂心扃扃痛此顛隮之衆我辰安在歟此日之喪亂宏多事尚可爲及予生而桑榆未晚顧我邦人亦追念吾之家吾之國爲今之家今之國而吾生又此家國其存其亡之所從出及吾生而勿使國亡家破焉庶對於後之來者可

無罪也夫

本論文至此完全結實有未盡之意續有所論俟以異日著者自註

日本教育發達史論（續第二期）

少白

第二章　日本古代教育之概況

第一節　上古（自開國至平安朝末）

國事萬端因果互生其盛其衰皆前伏其因後承其緒新舊諸因相合而果見是故論人國者欲知其今必先考其古不然徒論一時之現象則往往失其眞日本古國也其教育大興雖自維新後始然欲考其遠因溯其由來則不可不先就其古代而一論之

太古之初鴻荒始闢世界文明源於五國在亞東者首推中國其次印度若日本者瞠乎後矣其民族之發生不知源自何代然建國之始則約當吾國春秋之世其時無文字以供紀載歷史之傳惟恃口說故其社會之情態不得而詳所可知者惟已

進於耕稼時代已耳國家初成聖人不作制作未興遑論學術以故數百年間無教育之可言吾不得而論之

日本之有學也其自漢字傳至始乎吾國者東亞之先覺也文明夙啓學術煥發被吾之澤者首爲朝鮮繼則日本而日本之吸收我文明也始由朝鮮間接而得之則朝鮮者今爲日本之奴而在古昔猶大有造於日本也考其歷史所載古時沿海諸地夙與三韓交通聞見之餘已漸與漢族文明相接及至應神朝（距今一千六百年前）用百濟人阿直岐爲史官徵博士王仁至其國爲皇太子師始立學校授論語千字文等日本之用漢字自此始而教育亦於是萌芽焉當是之時日本文化未進及覩我書始知學問之大文字之便於是上流之士趨之若鶩儒家德義之教漸化其邦人而史書之作術數之學醫藥之事工藝之品無不師我以漸與利用厚生之道於是昌而漢族文明駸駸傳佈遂遍全國吾儕讀其書考其事想見王仁初至時日上下驚喜錯愕歡迎如狂之狀以與今日吾等較其所受待遇之差何啻天壤今昔之感已不絕於心尤念夫日本文明以漢學立其基其有今日也實胚胎於往

時而吾國者昔也教人今也不得不受教於人是吾族之辱也然吾國雖衰而師我學術卒成強國者尚有日本抑又吾族之光歟此爲日本上古教育發達之第一期。應神帝歿越二百年至推古帝。更增五經博士員講文史法三科。定制凡爲吏者必須通漢學漢學教育遂日盛越五十年。自百濟齎佛像至京都之建佛寺佛教哲理遂亦東至當是時日本以儒佛二教皆間接傳自三韓不足盡其蘊奧兼以久崇吾邦欲一觀光也於是有遣學生赴吾邦之舉焉偉哉斯舉乎。當時航海之術。方在幼穉。冒風濤之險。置死生於不顧。以求學萬里之外。前後往者達數百人。其好學之切立志之堅日本民性固如是乎其在古也學我如是之誠故其學歐美也能以四十年之歲月而與之頡頏嗚呼日本之興也宜矣獨念吾邦人者往事已矣處此海陸交通之時猶以遠游爲若事視別離爲至難坐視家國之危亡而不能發憤求學以圖補救抑或初懷大志負笈異邦乃其志不堅中途廢阻甚則甫達所至之地而一覩異鄉景物歸思頓興廢然而返者又往往皆是也其亦聞此而興愧也夫日本始遣學生時。當中國隋代。使臣爲小野妹子。率學生若干人。渡我邦。使學各專科。歸國後皆有所施設其尤名者爲高向玄理南淵請安及僧旻等皆居吾國二三十載而後歸者自是漢土文明盡爲日本所吸取而形上形下之學皆有一瀉千里之觀此爲日本古代敎育發達之第二期

推古帝殁孝德繼之其時自吾國歸者已多居顯職羨唐土之文明大行改革史稱爲大化之革新其最著名之事業爲制定法律所謂近江律令爲日本成文法典之祖至敎育制度則京都設大學各地立國學規模課程多倣唐制故其宏大完備遠勝厥古焉今列表以示其梗概如左

- 官立學校
  - 京都
    - 大學
      - 明經
      - 紀傳
      - 明法
      - 算
      - 音
      - 書
    - 專門學所
      - 典藥寮
        - 醫
        - 女醫
        - 針
        - 按摩
        - 咒禁
        - 藥園
      - 雅樂寮
        - 大和樂
        - 高麗樂
        - 唐樂
        - 新羅樂
        - 百濟樂
        - 散樂
      - 陰陽寮
        - 陰陽
        - 曆
        - 天文
  - 地方
    - 國學

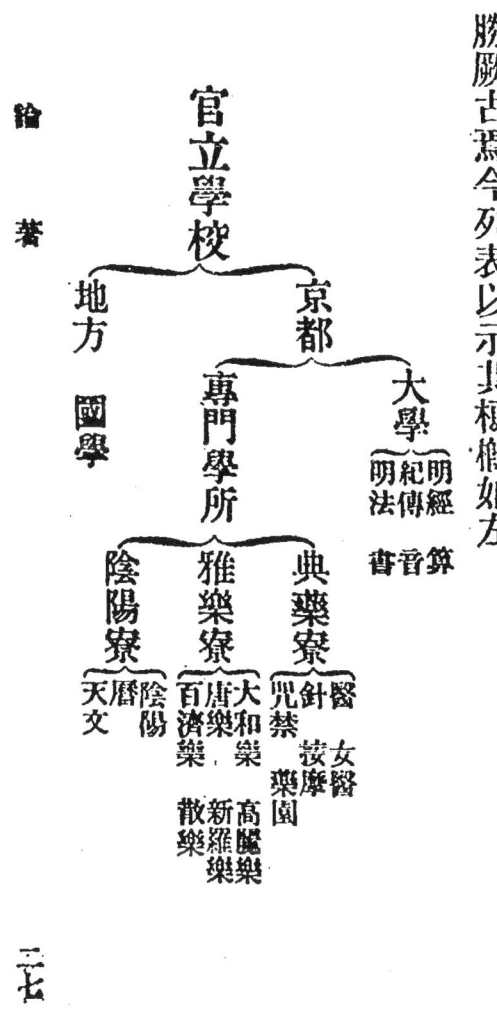

觀於此則其規模之大可知矣大學收納貴族子弟約徒約四十人教官明經紀傳等稱博士授藝術者稱師國學則每國一（日本古爲封建政體國內分置若干藩稱爲國如吾國之春秋）國司掌之教官稱國博士生徒之數二十人乃至五十人以國之大小而異通國約三千人學科以中國經史爲正科尊儒教春秋釋奠一如吾邦自是以後儒教之風益行普及矣此爲

日本古代教育發達之第三期

越百餘年至平安朝其時貴族以官學不足乃各設學以教其子弟如和氣氏（和氣麻呂和氣麻自中國留學歸者頗有名）設弘文院藤原氏設勸學院王氏設淳和院奬學院橘氏設學館院皆大其規模以與官學相抗衡日本之有私立學校自此始其時學校皆限於納貴族子弟名僧空海憂之創立綜藝種智院納平民而教之日本之國民教育自此而濫觴焉日本文書當時皆用漢文然以語言之異故甚艱之僧空海乃作平假名吉備眞備後復作片假名避漢字字書之繁用書國語百姓稱便而平民教育遂少少進此爲日本古代教育發達之第四期

日本上古之教育至是而達極盛而平安朝後內亂迭興教育進步爲之驟阻焉推

原其故則其崇尙漢學已數百載文藝之盛製作之興固社會進步之徵抑則社會腐敗之原矧其學校之設全爲貴族王公子弟躭遊文藝競極奢侈花晨月夕詩酒吟咏極人生之樂而平民教育不能並進政治廢弛民生日苦社會已岌岌不可終日矣而適貴族爭權天下騷然遂開中世之局蓋當平安朝末其社會之情勢有似中國盛唐方當全盛已伏禍機上流之士徒以文章吟咏粉飾太平而不知亂之將作也是故日本之輸入漢學也僅數百年吸其精英至無餘蘊著書史立學校易風俗凡我所長無不採用應神帝前一半開化之國耳至一躍而與我等則其國民之志之堅氣之勇好善之殷模倣力之大固不可謂非難能而可貴者矣然惜其教育方針偏重貴族設學之旨在養成官吏而非爲數平民以故進步數百載僅可及吾唐而不能所步西周之迹以放大光明世界嗚呼是固日本政體有以致之乎而要不可不爲日本惜也

雖然日本上古教育之概況如所述矣其影響之及於今日者何如哉吾嘗思之日本社會之組織風俗之特色莫不胚胎於此時而其影響之尤大者則精神教育之

確定是也蓋日本四面環海不與鄰接建國之初居民寥落智識未啓遂養成所謂「血族的國家」之觀念視其君如宗子敬其先王爲天神君民之間分嚴情重日本民族之特色已於此萌芽而胚胎之矣及漢學傳來讀孔孟之書見其述先王敬先祖中國倫常之說合其社會之心理者則信崇之不已而我國君臣對待之道歷代革命之史則聞者駭怪罔知所謂日本偉人菅原道眞之言曰「凡神國無究之玄妙者不得而窺知雖學漢土三代周孔之聖經革命之國風深可加思慮也」原文其文雖佶倔而其意之所在誠可代表其國民思想矣是故日本者採中土道德之敎而排革命之風師我文明而兼能保其固有要言之則日本上古敎育之特長在能調和漢和之思想以確定其精神敎育而已日人常言曰中國道德之本原爲孝而日本則爲忠蓋尊王以愛國者日本國民敎育之本旨而其思想之成則實源於上古嗚呼世界今日公理大昌君權之說已成過去陳迹而日本獨能保持之且益將張大之敎育之入人心於此可見夫我憫其愚者而彼方以爲誇顧以之强國則强矣此日本之所以爲日本也此日本之所以僅爲日本也（此節已完此章未完）

時評

對於留學生總會開全體大會之疑問

非非

西曆五月十日（中四月十日）留學生開全體大會於牛込高等演藝館發起者爲留學生總會館研究抵制日貨問題也來會者約千人記者亦與焉發起人報告未終。而聽衆即互相毆擊幸得日警吏十餘人爲之排解始不至有意外之險然爛額跛股者數人亦不得謂之有秩序矣演說僅閱一小時而衝突起者三數次喧嘈之聲達於街衢會未終而含怒歸者以半計窺其意蓋不以主持不抵制日貨者爲是也然終爲主持不抵制者所戰勝最後之結果由發起人決議電檄粵東自治會謂抵制日貨無正當之理由請解散其團體以提倡實業云云並聞是日亦致電政府請政府解散該團體飛電上書留學生之能事盡於此矣。然此事而亦電請政府。則誠有百思而不能索其解者。夫粵人之抵制日貨也非政府促之也既非政府之促何有於請且當抵制之初政府已電訓張督飭其解散而張督之實行解散俱見於內地各新聞豈主持不抵制者獨未之知乎非特此姜桂題赴廣之命政府之意果何在耶當爲我海內外同胞所共知政府日以摧殘民氣爲事而又有留學生爲之作倀留學生與政府固二而一者也其爲盲動無俟多言然電請政府原非記者所甚措意。不足辨。亦不必辨。惟對於主持不抵制之理由則記者不能不深爲研究。而質諸我同胞之前。

主持不抵制者之理由。記者雖未能言之盡當。然亦諗知其一二。且於是日之會中。亦親聆其議論矣。其所持之最有故之理由。其一恐釀事變其一提倡實業而於此二理由之外。有懷欲吐而究未明言之者。則以此次之失敗實由政府粵民當移其抵制日貨之力以抵制政府且粵民之抵制日貨則自今以往凡革命黨人運輸之武器無事政府之捕拿自難逃於粵商之手革命前途深可危懼者此其一也。又此次之失敗而內地一般人士皆歸咎於不開國會故立憲黨運動粵民盡力國會開則難奏革命之功者此又其一也綜以上數理由而細爲解剖則後二理由當爲主持不抵制者之根據而前二者不過飾蓋之詞耳然今亦不必過事吹求即數者而並行窮詰吾有以知主持不抵制者之語塞氣結而無以對也夫曰恐釀事變此固記者所亦慮及而有以知吾粵民之必不出此也三數年前抵制美貨風行雷動而一般輿論即持此說以爲隱憂而究竟則何如夫買賣自由固箇人之所有權日人雖强橫政府雖顢頇當不能以軍艦地雷强迫而售其貨於我也况吾聞粵民此次之抵制純粹出以文明之手段以達其完全抵制之目的日之無賴而旅粵者雖故意惹禍起釁而粵民愈出之以愼審周詳惟恐起國際交涉爲憂此其釀成事變於理於勢爲萬不能有之事即以釀成事變論與其不抵制而生何如抵制而死乎此釀成事變之說不可以爲據也提倡實業以杜外貨之入固爲根本之解決然現在提倡實業之問題與抵制日貨之問題決不能相混何也實業固無論何日何時皆在當提倡之列而抵制日貨則出於含怒忍辱而不得已之手段今使主持抵制者曰吾人於一方面抵制日貨同時即於他方面提倡實業二者固並行而不悖者也

抵制日貨無害於提倡實業也何必解散抵制日貨之團體而後提倡實業乎吾不知主持不抵制者其執何詞以答此況擊之愈遠者其回彈力亦愈大發之愈高者其反響力亦愈速吾國民之積痿痺癱提倡實業經數十年而未獲絲毫之効者未始非有外貨之可恃而未受外界之刺激故也今當其抵制之時即提倡以實業而爲拔本探源之計其進步或可少速其成効或有可覩若必令其解散抵制而後提倡實業吾恐解散之後吾民之舊病復生而不可救藥矣抵制政府之說固吾民應盡之天職而不可時刻或忘者然決不能因辰丸交涉之失敗而始倡言抵制政府也若因其交涉之失敗而始倡言抵制則反念以思假令其交涉勝利吾民將戴此政府以終古乎藉曰抵制粵民將徒手以抵制乎抑將有所恃以抵制乎即有所恃而抵制者僅粵之一方面吾恐抵制之結果政府決不能以鳴炮謝顧罪全邦交之手段加諸日人者復加諸粵民也陸海軍之勢力雖不能防禦外人而撲滅吾民則有餘而況寧贈朋友勿與家奴之政策已早見諸實行臥薪嘗膽毋寧稍待今非其時也運輸武器而當粵人抵制日貨之時不能謂其不稍受影響然吾國之港泊

不止一粵東即運輸之途亦不止一粵東粵東而外運入之途甚多以革命黨偉大之勢力變化不測之手段決不能拘拘於一方面即以一方面言豈捨日本之船舶外他國皆不載輸革命黨之物乎匪特此今試問革命黨捨運輸外國之武器外尙有他物以爲革命之具者乎謂其無也則運輸之途甚多謂其有也即不運輸外國之武器而於革命之事業究屬無妨然則粵人之抵制日貨直謂其無關於革命黨也亦可至開國會之說憲政黨人以此倡張天下者已年餘矣記者固無望於現今之政府而近世有識之士類能道中國今日所以不能立憲之故與夫現政府決不能與吾民以參政之權而代議政體之在中國其爲害尤甚於專制已連篇累牘當爲憂時者所共知固無俟乎多言然今値粵人抵制日貨之盛氣憲政黨復藉之以叫號而請願上書不得謂其爲必無之事然請願上書而無効果有可斷言即有効果而無害於革命亦可斷言夫以中國地域之廣人民之衆去封建時代之遠於今日而欲立憲政開國會漫論民選議院無組織之良法即有其法而民選議院之議士其爲今日之官吏無可疑矣今日之官吏無害於革命之進行明日由官吏而爲

議士同一人也外與其名而即有害於革命之前途此吾所不敢知也而况代議之權求之於現政府而不可得乎不觀夫去年蘇杭甬鐵道一案人民與政府交涉之時乎當其時也兩省人民憤慨異常通國之中異口同聲憲政黨已大施運動而一度上書矣其効果爲何如繼此以往上書者踵相接而其所收之効果則與前者無異此固非現政府之冥頑不靈而實有莫大之原因存於其間也夫聚利害衝突之人於一國在彼一方面惟恐喪失其已得者故日日以防家賊爲是而喪失國權卑辱國體犧牲人民之財產生命在所不惜甚或以國權國體人民之財產生命而爲防家賊之武器何也彼之天職固應爾爾而在此一方面不思設別法以謀前途完全之幸福而惟卑顏下氣低息促膝以求人憐而曰與我以參政之權與我以參政之權在政府當亦笑其無謂矣夫虎以啖肉爲事者也而今與虎謀曰剪爾之爪剝爾之皮以與我共之豈可得乎今之請願立憲者何以異是非然者除吳樾之炸彈徐錫麟之手槍外吾恐一紙空文之効果亦不可得而遑論其他是則憲政黨之運動亦徒運動而已何裨乎記者之所聞如此故疑問亦止於此若於此數者外而猶

有秘密而不能發者則非記者所敢知亦非記者所敢言矣究之粵人之抵制日貨釀成事變則爲絕無之事提倡實業則爲應有之舉無害於革命亦無補於立憲此記者揆之事實度之情理而敢斷言者且此次主持不抵制者而以無正當之理由責斥抵制者則記者更不能不代粵民而爲一言曰國權喪矣國體損矣無陸海軍以對待日人抵制日貨者爲雪國恥也此其理由也今試問主持不抵制者有何正當之理由而必使之定購日人之貨乎此則記者熟思之而不能進一解者也

抑記者更有一言以質諸不抵制者曰民氣者國家之元素也故專制之政府以極端摧殘爲事何也民氣盛則專制之淫威可殺也今粵東之民氣已見諸抵制外人用之不得其當不能無憾然民氣而爲革命所利用此爲識者所共知今不惟不能利用反隨政府之後而摧殘眞革命黨當不爲此尙望主持不抵制者之有以袪我惑而愈我愚也

蘇杭甬辰丸交涉政府之大成功

尊俠

自蘇杭甬辰丸事件發生以來通國上下萬人一心萬心一口萬口一舌萬舌一聲咸咎政府外交之巽懦外人橫暴之無禮以爲喪失主權損辱國體莫此爲甚湯鄒以身殉張督辭表出廣東紳人士近且運動日貨之排斥結合團體開大會于自治會以爲國恥紀念近且派調查員於日本調查日本貨品之商標皷動居留外國之華商傚前年相戒不用美貨故事此亦我國民對於貌襲立憲實行專制之政府專恃強權不講公理之外人無可如何而最後解決之手段方法也記者于國民此敵愾心愛國心方敬慕欽拜之不暇何敢以狂言謬論眩惑世人耳目而甘犯天下之大不韙**然惜其不知政府之用心與政府之大目的及政府交涉之成功**今爲一一言之是耶非耶然耶否耶敢以質之我國民以求公衆之解決

今試問政府之借英債一百五十萬磅果因蘇杭甬鐵道乎果知蘇杭甬路欵不足乎如以爲不知則江浙人士所集股金已超逾借欵何不堅持作廢然則政府之借欵不在江浙之集股不集股也明矣如以爲外交棘手無以謝英人天下豈有草約

已廢商辦之正式公文已見而猶不能塞英人之口而折其野心乎即以爲不能塞其口而折其野心質此事於海牙平和會以求各國之公裁英人雖狡又豈忍犯天下清議而失列國歡心且銀公司不過一私人資格耳何故牽入國際交涉以自投羅網乎雖然政府亦云狡矣明知衆怒難犯也而曰調停曰轉圜最後則有部借部還之政策出此如獵者誘獸釣者誘魚千方百計務使投其陷阱上其釣竿而後已且所謂部借部還者果一銖一粒皆出自政府乎使果出自政府政府安有此巨欵以爲人償還政府既無此巨欵爲人償還則今日勢必不借既借矣必非政府償還吾恐將來英人持借券以索還政府仍不外剝奪國民利權吸敲國民精髓以塡外人谿壑而已然使國民而果能償此巨欵也斯已已矣如其以不能之故而反抗政府則英人勢必要索鐵路以作抵然則今日蘇杭甬之借欵已種他日神州陸沈禍

又試問此年以來政府日夜皇皇勞精敝神絞腦輸漿視爲第一重大問題者非以撲滅革黨爲事乎辰丸商船暗中輸入軍器在我領海發見按之經緯線度確係內地而非外海按國際法規定於公海發見密輸軍器者各國皆有緝捕充收之權惟

一入他國領海則非其權所及蓋密輸軍器雖在各國得而收沒之列而領土實有神聖不可侵犯之權此番發見者在我領海日本雖如何狡詐恫愒總以收沒爲是蓋揆諸國際法固應爾爾也然則下國旗收軍器實爲正當之理由最文明之舉動也不待言矣況中日通商條約第五款云「如日船違章到中國別口非係準停泊之港或私做買賣即將船貨一併由中國罰充入官」領海非係準停泊之港密輸軍火尤較私做買賣爲甚按章辦理罰充入官日人其何說之辭準是以談即國民不主張抑留政府亦决不肯放手然國民之主張在主權政府之目的在軍器政府旣買收其軍器則雖懸旗償金鳴砲謝罪亦所甘心區區主權無形之物耳喪與不喪果誰得而見之且所償之金並非出自政府政府又何憚而不慷人之慨以取媚外人哉

按此兩事以覘政府舉動則其深意隱情不難測知蓋政府意在借欵則集股雖十倍百倍於借欵即至將來步埃及後塵以外債亡國亦所不計特不過借蘇杭甬鐵道爲名實行借欵耳然則江浙人士之紛紛集股亦可謂不揣其本而齊其末矣至

於辰丸一事尤爲政府之大成功況日使林權助照會外部『謂日本自後對於運輸軍火至澳門者必須有確實證據以見其非爲私售於革黨且須有澳門政府之許準書否則概當嚴禁云』由玆以觀謂爲不成功得乎 **總之欵已借軍器已收政府之大目的已達即政府之交涉成功喪主權損國體非所計也何以政府大目的在彼不在此故**果爾則謂爲政府失敗者特未深察耳然則失敗者誰曰國民 **質而言之國民之失敗即政府之成功政府之成功即外人之成功也** 我國民蔽於一時感情只知對外而並不知政府之用心乃曰政府之交涉失敗失敗而豈知盲人瞎馬已暗墮術中政府方竊笑其旁耶然蘇杭甬交涉政府僞爲調停排斥日貨問題政府必出於壓制以政府之交涉已成功國民必欲反抗故也然則此事雖未見結果如何吾可預決其有失敗而決不能成功耳棲息託庇於極恐弱極專制之政府下以欲求生存而保護其權利是何異以力不勝雞之夫而舉百鈞哉孟子不云乎桀紂之失天下也失其民也失其民者失其心也吾於今日

之中國政府亦云

姜軍南下

魯曼

自蘇杭甬拒欵事起。政府簡姜桂題爲江防督辦。有率師南下之命。東西報謂政府恐蘇浙人以拒欵狂熱。釀成外交問題。欲以威攝之。戒其勿動。故有是命。雖然此乃外人自表面窺之。而未知政府對於吾民之內情。故其言之誕而無當也。使果如此。則何解於此次南下。屠民之舉。聞日前姜軍過滁和等州境。沿途騷擾異常。所過之處。十室九空。婦女仳離。哭聲震野。而商民坐此失業者。又不知若干萬家。其甚者。至有居民震姜軍之凶威。將幼孫拋棄河中。而老弱不能行者。至甘自跳河服煙死。嗚乎。姜軍之聲威。誠有赫赫不可一世者。然以吾無辜之民。而竟蹂躪踐踏之。若此致使轉從溝壑。呻吟水火者。觸目皆是。不荼毒乎。吾不解誰爲之虐。而使吾民罹此窮罰也。炎黃子孫。曾草芥之不若。大漢河山。胥慘淡而雲霧。傷心慘目。有如是也。曾有人焉。而少爲之動於中焉否耶。言念及此。能無痛心。近以粵人排斥日貨。又有姜軍赴粵之說。夫蘇浙人拒外欵。與粵人排日貨。其是非姑置不論。而皆出於自保利權之一心。而非有反抗之意於政府。此其彰彰然也。而胡爲嫉視之若此。夫天下惟征服者恐被征服者之權力或伸挾以謀我也。始乘其民氣之未發。必思有以遏抑之。見其民氣之驟發。必思有以摧殘之。必使奄奄蹷蹷無生人氣。而後安枕無憂矣。而被征服者亦得以此保厥身及家族以終焉。不然。民氣一揚。致征服見忌。則全族爲机上肉釜中魚。其不任人宰割而烹食之也鮮矣。日之於韓人也如此。法之於安南人也如此。俄之於猶太人波蘭人也如此。而孰意政府之對於吾民也。而竟若此。而竟若此。雖然。政府固別具一肺腑者也。自蘇杭甬路事之發生也。吾民不樂以巳之利權供政府媚外之資。蘇浙一呼。全國響應。無上中下社會。同其願力以爲堅拒之後勁。氣亦豪矣。雖然。此氣也。吾民之所利。而政府之所忌也。何也。吾民之有此氣與否。乃政府生命之問題。沿江一帶。素號爲革命黨出產地。一旦乘民熱膨脹之餘。潛謀圖舉。以此拒欵之民氣。易而爲索國索命之舉。則東西半壁。盡淅鄉也。四億同胞悉徐某也。政府其將何所禦。故防之也。惟恐或弛。而欲屠之也。惟恐不臍。此江防督辨之說。自萍鄉安慶舉事後政府已刻不能忘心而視此次拒欵情狀愈不得不發也而姜桂題者亦預有以窺政府之隱痛故敢殘害吾民而至於此極也夫現今非所謂政府以立憲欺天下者乎胡姜桂題敢草菅人命塗炭生靈若是也胡政府任其騷擾而亦毫不過問也此其故吾民當自能辨者。至姜桂題以頭銜爵賞之故至縻爛吾民而不惜是眞所謂家賊者耳論者有謂政府以前安慶之變。遷怒於皖人。故此次過滁和各境。騷擾特甚。嗚乎此亦不識時務之言也。何者吾民一日不盡政府即一日不安此現今政府對於吾民之決心可由種種方面推測而得之者。不過滁和之民適丁其厄烏得獨爲滁和之民哀而爲非滁和之民者幸也自吾視之。自茲以往。吾恐浮尸滿河舟行無下篙處大江上下悉吾民收骨骸處也掩泣相對視自知無逃死二十餘省無在不可作來日之揚州嘉定江陰南雄九江觀也吾弔滁和之民吾不知吾罹滁和民之慘又在何日吾亦不知吾民回想當時悲號痛哭之淒酸情狀作何觀念也吾於是爲吾民正告之曰。凡人棲息於專制政體之下其能保厥首領冥焉以逝者亦幸而已況政府對待吾民始終一防制家賊之主義而爲虎作倀者又徧布左右利祿當前雖煮豆燃萁在所不顧則所塗者爲何氏之肝腦所戕者爲何族之膏血此問題須吾民自爲解決而不須謀及他人者也吾民不欲有浙粵人之民氣巳矣苟猶欲有此民氣則天下具姜桂題之資格者甚多而爲政府之所顧忌者又豈滅浙粵則覩滁和之民之慘其亦有耿耿於中焉耶亙圖自活端在今日吾民宜早爲計矣不然吾慮他日徧禹域內陰風淒涼舉目肅殺吾羲農黃帝之子孫將絕天壤而所遺留者悉姜桂題輩誰與爲之拜掃黃靈以勿替漢祀耶嗚乎吾民其何以堪此雖然虐民之手段愈辣則促民之決心也愈速而籌對付之策亦愈捷吾祇患吾政府不能爲現今俄帝尼古喇耳而不患無入水不濡入火不熱之盧無黨更吾患姜桂題不能爲梅特溼耳不患無德奧意之自由國民吾民雖愚其能於生死關係之問題而漠然於中耶吾願吾民哀被屠之同胞勿作局外人而使滁和諸川之民生奴馬死爲厲鬼永銜冤於地下

夫巳氏與西潼鐵道

種民

近頃陝中紳商重建籌辦西潼鐵道一案。本社記者。已論之於前矣。邇聞集股頗形踴躍。而創辦人於着手之初。更能握其要領。雍涼前途之一綫光明。於此基焉。匪獨西潼鐵道之成。實利賴之也。繼聞持反對之論者。力言商辦之不能有成。且以該鐵道爲不急之務。主張別籌巨欵。從北草地一帶設一軍事鐵道云云。夫北草地之宜敷設鐵道與其急宜從事與否自別爲西北問題之一。其不能與西潼相提并論彰彰明甚。至於商辦之見惡於當途。吾國一般官吏有然。固不能獨爲某氏罪。特某氏處雍涼者有年。其惟一之主義。摧殘遏抑盡之矣。深惡痛疾於商辦也又何責焉。且方今吾國政府與人民之狀況。一則欲其帖伏如故。以伸張其專制之私。一則已駸駸欲舉監督之實。以撲滅此驕橫之氣。軋轢之禍。層見迭生。有時政府欲護其淫威亦不得不少避其鋒。而移其慣技演於抵抗少爲平和之處。理有必至。勢有故然。自此以後。陝甘無寧居之日矣。加以夫已氏之變本加厲。其橫來施其破壞之術。尚忍言哉。故吾因其造此妄議。雖無評論之價値。而不能不重有慨焉。吾國年來路政屢經失敗。窮至其極。解決此失敗之方。亦不過杜絕外人之窺伺。保持在己之權利。而已失我所應有之權利外人敢肆其侵掠必以我多方杜絕始免其强奪之禍驕橫無理者固可寒心而在受之者亦大可憐矣然此可憐之狀既竭全國之力僅乃克之故以言夫杜絕外人之窺伺也則於既見攘奪者在朝在野抗議力爭以言夫保持已國權利也則於初經創議者無上無下合謀經營蓋欲杜絕外人必先亟謀鞏固在己之實力實力既充外人之陰謀自息二者互爲倚伏不能亟謀鞏固者其結果必奪於外人不見奪於外人者其造端必亟謀鞏固者也而今則又不然人民方同力合作以挽將墮之國權而政府則處心積慮以鋤此漸長之生機人民方怵於外而又劫於內將欲屏外則蟊賊即起於中將欲對內而鬼蜮又隨其後屏外不可對內不能內外交乘以蹴踏吾民哀我邦人至於今日其能完全以達其初志者鮮矣今者某氏即襲此慣技以沮吾鄉人吾於某氏固無責且其建議幷評判之價值而亦無之吾亦不屑之責只還以問吾陝甘之人今茲不避嫌怨出而重翻舊案維繫群情者果經如何之障礙而能不屈不撓否也信能不少動搖而必貫徹此主義焉則是區區之妄議何足以爲吾梗哉其堅吾人進行之氣長吾人團結之力且將

在是則大有造於西藏路事者非某而何程雖然吾民今日已陷於重圍之中其能奮鬪而出者幾何即有之身無完膚不堪慰藉矣若以言夫初萌之民氣而即遇此摧殘焉創鉅痛深也將何如哉而況西藏之事又處於潰敗決裂萬象驚疑之後吾於吾鄉人之膺茲艱鉅處此內外交爲蹴踖一髮千鈞之際不能無所戚戚於心幸吾鄉人士庶幾於此絕續存亡處處荆棘之下而力肩斯任也哉

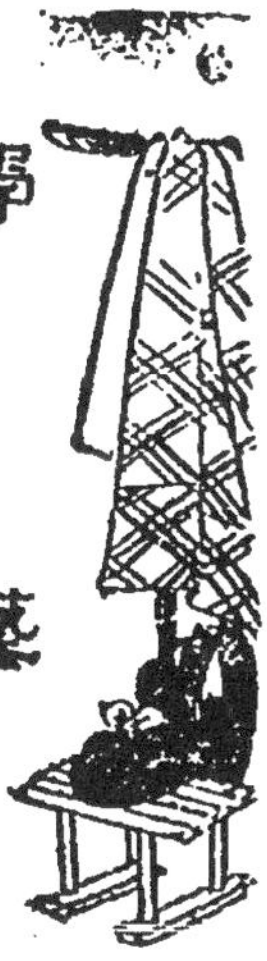

稀米之電氣言（續第三號）

孔懽

前所云放電者。即帶電體失其電氣之謂。所云中和者即異種同量帶電體之放電之謂。故連結導體以通於地球。或通於他物體。(異種同量帶電體)則必放電。若二物接近而二體之電量皆多。則雖以非導體挿入其間。而二體相引之力最强。亦無難透非導體而放電。斯時也。火花發焉。音響生焉。即如前所述起電機二極之中和是也。帶電體之部分愈尖。則其處密度必愈大。密度大則其處所集之電氣必多。所集之電氣既多。則感應之作用必大。故空中游絲。天際纖埃。苟接近其周圍。則因感應之力而爲所引。既爲所引。則微塵所受電氣必與之同。電氣同則相斥而復飛去。于是近傍未受電之微塵。復與之相感應。感應既畢。又復飛去。如此循環不已。是之謂電氣之對流(Electric conuection)蓋其現狀、儼如以火熱湯、近火處之冷水、受熱度而上昇、則未受熱度之冷水下降、往來流轉不已、故謂之曰對流也。徵之實驗、如前起電機櫛齒側連以尖端導體、于此尖端之側、置以燭火。極力旋轉其起電之圓板、則燭火之焰必向傾外。如被吹之狀。此蓋由所起之電集于尖端。而近傍空氣。因感應而成對流。其勢波及燭火故也。由此以觀。尖端不能保持電氣。故電氣器機。兩端多用球狀云。

由電氣對流推之。空氣之中。必帶多量之電。所帶之電爲陰爲陽。於雨時不定。若晴明時則大抵帶陽電、(其說謂爲海水蒸發所致。)又推之空中之雲。亦必帶電。若二所之雲。各帶異種電氣。則互相接近時。必受感應而放電。而非常之光與非常之響生焉此即所謂閃電(Lightning)與雷鳴(Thunder)是也。帶電之雲下降。與地球相感應而生放電。即世俗所謂落雷者。往往害及人畜震壞家屋。學者思防厭。患於是避雷針之製以起。

避雷針者立大金柱于屋梁之上。其頂作尖形。(何故作尖形?)連以導線以通於溼地之中。

（何故必通于濕地？）或沿池之內可以防落雷于未發。何則。若空中之雲帶陽電降下。則以感應之故。而地上之雲帶陰電。陰電及於導線。則必由柱之尖端逸出。與雲之陽電相中和。從而雲之電量減少。始無激烈之放電。又降雲及於尖端。而由導線傳於地中。而與地中電氣相中和。其理亦可不煩言而解。然則夜間往往見針端作刷毛火花形。其爲放電又奚疑。雖然避雷柱之製。不能使之過鉅。則當放電最烈之時。其柱不能蹤傳多量之電。亦往往有害。蓋導體愈鉅。其傳電愈易鉅。則所容之電量必多。故易也。不然落雷之時最小之電量爲五十二枯侖。（註一枯侖爲三十億倍達因。一達因。即使一瓦之重量動一糎之遠之力。）最大量爲二百七十枯侖。是時所生之電熱。可以熔解五十糎直徑之銅柱。區區一二條之避雷針。又何足以濟事哉。故學者又求爲完全之製。屋上覆以銅網或金類之板。下連以金類溜筒數個以通於地。即使電量最多。而導體既夥。可以無患。夫雷電之理如彼。而防之之法又如此。而世俗之人。方且震驚雷霆而喪其匕鬯。駭呼天火而祈禱不遑。縉紳引爲修省之因。史傳作爲災異之誌。相沿相襲數千年。莫或一發厥覆者何也。蓋事事悉委諸天而視爲杳冥不可測度。以人爲爲不可必得而不求其在我者也。夫至於事皆聽諸天而不反求諸己。是必待洊雷而後修身克己。所謂道德。亦無非外至者耳。且輕視人爲。最足長頹敗之心。生怠惰之氣。於是乏自立心而頑鈍無恥之流派日多。又輕視人爲。則好散亂不好整齊。好汚穢不好淸潔。于是損公衆之娛樂。爲養生之障礙。缺乏團結之心之輩亦日多。不但此也。懲惡勸善。禦外患。除民賊。擴張我大漢民族之勢力。皆人爲之不可須臾少懈。而亦即天然公理之所必至者也。何以今也舉國儆然。儼若有雷霆之擊其後。而莫或一奮者。豈非自外于物競。而欲歸于天演之淘汰乎。夫古之人重仁義。疾惡如鷹鸇之逐鳥雀。故大者行大義。小者尙任俠。莫或委諸冥冥之數。而萬姓賴之。降及後世。暴君汙吏。蟲生蝟集。智詐愚。威勇怯。强凌弱。身受其毒者。以爲天數。心恨其事者。亦待之天誅。究之雷霆之所震。電火之所焚者。仍無損於作威之人。而修繕費之猶復取償於被毒者之身。此皆載在史册。可以參考者也。又試觀古之人。衞厥民族。兢兢致防于外患。以民爲天。不以禍之來爲天。故舜作猾夏之刑。禹有三苗之征。周有玁狁之逐。齊以攘夷爲諸侯長。秦霸西戎而進爵爲伯。及始皇漢武。威撼百蠻而疆域大啓。吾華夏民族。勢力擴焉。其盡力於人爲者最大。其爲功亦最鉅。而世之一孔之士。方且謂其虛耗民力。推是說也。勢必以衣冠文物之區。拱手授之被髮左衽者而後已。其謬妄不亦甚乎。吁、事事委之天而人不可爲矣。何也。就小者而論。則長強暴之毒。就大者而言。則將舉一民族而付之灰燼也。不然。宋以積弱而滅於韃靼。苟微大明太祖恢復之功。雖至今日爲韃靼之奴隸可也。夫匈奴以不棄甌脫地而滅東胡。宋以視地如甌脫而見滅。亦無非聽天任人之別而已矣。吾同胞試思今日所處何地。其不爲韃靼之被髮左衽可知。吾之聲明文物果亡與否。愚生也晚。學也淺。不知當有知者。歐美列強。欲分我而尙在未分我之際。猶復優游卒歲。則吾民族之將就湮沒亦可知。沿江海之要地。徧內地之路礦。已爲他人所有。吾同胞將漸貧而漸漸滅也。而舉我土地授人者。尙擁富貴而日敲剝我同胞。猶得曰天乎哉。如至是而猶待天。則我民族之漸滅。不可救藥矣。然則迅雷風烈。古人必變。何也。曰、氣候更易。則疾病易生。古人之變。養生之道也。故由電氣之說以推。匪惟從來誤解可以立破。且渺冥恍惚之說不存於心。以之修德則實。以之去殘則毅。以之自立則果。以之養生則強。

以之立國保種亦有所據。而不失之空虛。吾同胞苟以愚說爲然。而欲一踐人定勝天之言。以奮起于二十世紀乎。則愚將進而言電氣之位。

電位（Potential）者。非東西南北之謂。蓋究其置位之高下。而驗其電量之大小也。如設甲乙二器。使甲之底大於乙之底十倍。而各以同量之水注之。則甲之水位必低於乙。是知位之高低。關於容器之大小。（蓋器大則小量不足以充滿之。故位之高低。實則關於量之多寡。）矣。今又以同量之炭薪。熱十石之水與一石之水。則一石水之熱度。必高於十石之熱度。是知就同量之水觀之。器愈大則位愈低。以同量之熱觀之。水愈多則位愈低。而電氣亦猶是也。容電量體最大。需電量最多。假使以少量電氣付畀之。則其位反不如小體之位之高。猶之食千里馬以駑馬之食。而得其用。反不如駑馬之多也。又試思之。以一杯沸湯。傾注深淵。深淵溫度必增高乎。顧就理想推之。則前深淵之溫冷。必有纖毛微塵之異。而就事實測之。則有所不能。何則。深淵之熱容量最大故也。故以少量之電傳之地球。而亦無從驗其高下者。夫亦曰地球之電氣容量最大而已矣。雖然。電位之高下。雖如水量熱度之比。而就自然之理驗之。則陽電位高而陰電位低。不可不知者也。又陰電氣自低而高。循其指力線以行。陽電氣自高而低。循其指力線以行。故欲知二導體電位之高低。則以導線連屬二體。如二體之電氣。安其本位而不流動。則二電位相等。如甲體陽電向乙體而流。或乙體陰電向甲體而流。則甲位高而乙位低。反此則乙高而甲低。猶之以赤熱之球。與冷球接。則熱必移於冷球。而熱球之溫度爲高。較然明也。由此以觀。知使欲物體熱。必以熱量與之。而使物體具有電位。亦必以電量與之。於是電位與物體之電氣容量可得而測。測之之法。則以電位由零至一。所需之電氣容量爲單位。以測導體之電氣容量。如前所云。地球最大。與以少微之電氣。不能見其電位之增加。故測電位者。以地球爲標準、爲零位。猶之測高山者以海面爲零位。必曰拔海若干尺。測溫度者以冰點爲零位。必曰冰點以上若干度也。雖然有低於海面之地。低於冰點以下之溫度。即有低於零位之電位。負電（陰電）是也。蓋貧乏者之財。少於富有。而負債者之財。又少于貧乏也。揆之理論。不其然乎。然則測電位與電氣之容量之法。究何如乎。就學者所定之法言之。則以一糎半徑之球面導體爲標準物。與以單位之正電氣。命其電位爲一。即所謂單位之電位是也。故茲設爲假定之說。有導體一。今與以二十量之正電氣。而其電位爲五。則其電位每高一級。必需五分之一之二十倍之電量。是知其物之電氣容量爲四。故就計算之公式言之。物體之電氣容量。等於電位除電氣。電氣等於電位乘電氣容量。電位等於電氣容量除電氣。一定不易之則也。

未完

農學之大要（續第參號）

漏屋

土壤

土壤有上下二層之別。上層爲耕耘之所及。其內含動植之腐朽物質。概帶暗褐色。此云表土。下層其質稍堅。色亦與表土異。此云底土。

土壤原由岩石生成者也。岩石久經風雨多年。觸寒暑。自然崩解。於其表面生層。久則成土。溫度之變化。水及生物之作用。空中酸素並炭酸之作用。實促岩石崩解之主動者也。

土壤之性質及成分。由於所從來之岩石種類而異。雖然。一般土壤。含有可爲農作物之養分之燐酸加里、石灰、苦土、鐵等外。又含有硅酸、礬土、鹽素、炭酸等無機物質。

及動植物之腐朽質。土壤中所有窒素量。依此腐朽質之多少而異。右之成分。爲植物生育上必要之物。就中燐酸、加里、窒素較少。爲補此三成分。所以施肥料也。

動植物質之腐朽於土中者。依存於土中之菌（Bacteria）之作用也。終至分解而生炭酸水安謨尼亞。（Ammonia）此安謨尼亞。又由數種菌之作用。先變爲亞硝酸。次化爲硝酸。

土壤因種類而對於溫熱性質及水之不同。即水分吸收作用。毛細管引力滲透作用。使水蒸氣凝結之作用。各土壤皆相異。

土壤吸收農作物養分之溶液。而有永保存之性此謂土壤之吸收力對於農作物爲重要之作用即土壤由此吸收力。保蓄肥料之養分不被雨水流失分配其養分使接近於植物之根又使土壤中養液之濃度適宜助生物之生育者也

土壤之肥瘠。雖不易判定。然多含必要之養分對於空氣溫熱水分之性質佳良且毫不含有害物者爲沃土•養分缺乏之空氣（土中有空氣）水分之流通惡含有害於

作物之物質者云瘠土。

如上所述。土壤由含有物質之種類多少、及其他之關係而異其性質。遂有種種名稱。多含有動植物之腐朽質者。云壚土。土粒微細而粘着力强者。云埴土。含砂粒多者云砂土。

埴土吸收肥料水分之力雖强。然空氣水分之流通不良、以其質密、而作物之根難蔓延。又難耕鋤。砂土質粗。空氣水分之流通良。不勞耕作。然保持肥料之養分力甚弱。故埴土與砂土之混合土。備中和之性質。宜於作物之發育。此云壤土。其他小石多之土。云礫土。空氣水分之流通頗易。善保高溫度。然有易乾之失。

土地改良

凡天然土壤。適於作物之生育者甚少。加人工改良。始供耕作之用。其已耕作之地。因屢用其力。若不改良。則至不適於作物之生育。改良之法。有種種。即耕耘、客土法、燒土法、排水、灌漑、施肥料等是也。

耕耘者。爲土壤固結。妨作物之生長。故使之膨鬆。盡人而知。然更因耕耘而空氣流通。於土中增加土中之養分與溫度使作物發榮滋長。此深耕之所以必要也。又耕地若深則根蔓延之所廣從而供給養分之面積亦增加深耕因心土之性質不同而功效亦異。心土常堅且停滯水分多之地。則深耕使其土壤之性質適良。若下層之土多混石礫又含有害物者。不可深耕。

客土法者。混合性質相異之土壤使其土質佳良。例如土質若粘重則加砂土及動植物之腐朽質。砂土礫土之輕鬆者則加粘土。又表土與心土異其性質深耕使上下相混合。混合粘土之時。冬時運之於田。使曝於霜霜而粉碎之。至春時。混和爲宜。

燒土法者。爲燒表土。改良土質之法。行之於粘重之土。其質可膨軟。行之於壚土。則減動植物腐朽質之量。增加土地之養分。變有害物爲無害。有殺雜草根與種子害蟲及其卵之功。特荒地開墾之際。行此法最善。其法削取表土二三寸許。集而堆於處處。混燃料於其中而燒之。又須撒布混合燒土於其堆之全面。使火力不過强爲宜。

灌漑者因濕氣缺乏作物將枯。一得水。則忽發生。此自古以來。各國所通行。無須言者也。然不但供給水分。且有使土壤溫暖膨軟作物易於生長。又給水中含有之養分於作物。或存於土中之養分使作物容易吸收其他因灌漑而新來之水比舊停滯之水多含大氣從而酸素炭素等之養分多使起有益於土壤之變化因此之故水之性質不可不注意所灌漑之水務必溫暖撰多含營養分而不含有害物質者爲宜。冷水冷作物之根。防其生育不可用。灌漑之水。河水最宜井水池水次之雨水含有空氣中之安讃尼爾硝酸等(爲作物之養分)天然之良灌漑水也

導引河水。先設堰。高一方之水面導之於大溝後。移於小溝使。至於田若田比水高則用龍骨車。(狀似汲水之水車然不用鐵輪湖北有之)桔槔等引水或用唧筒。

農作物雖需水分然水分停滯於土中時妨空氣之透入因此。不但不生養分反生有害物質作物不能得良生育此不可不行排水法

排水之法有二。(一)於田之周圍。掘溝排水此云明渠排水法。(二)於地下設水路。排水此云暗渠排水法暗渠之種類不一。最簡便者。於土中掘溝。埋石礫樹、枝竹、或木桶、然最能耐久者。則莫如甕管。而溝之深及距離。由地形廣狹土質等而異。

尙有至要者改正田畝是也凡農地皆設若干區劃。水田由畦畔。旱田以路溝渠牆

喞筒之構造

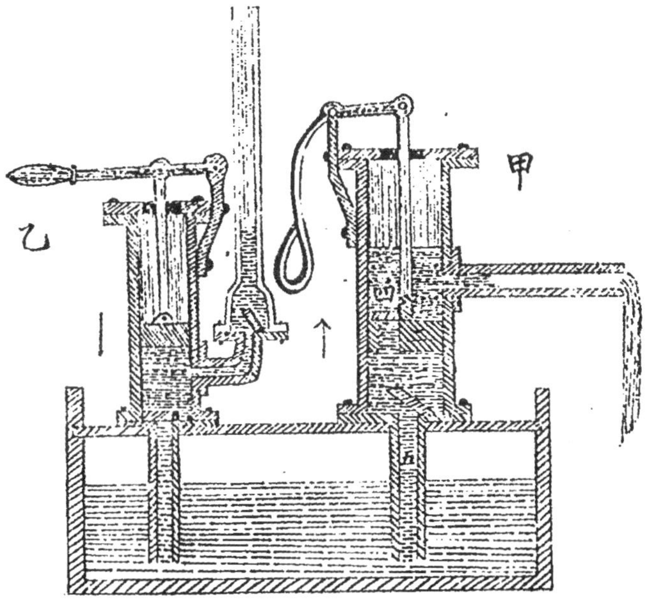

(一)圓筒
(二)活塞
(三)底瓣
(四)附於活塞之瓣
(五)揷入水中之竹竿
(甲)吸揚喞筒
(乙)押揚喞筒

喞筒。由一圓筒。與得上下於其中之活塞。及得開閉之二瓣成。瓣之一。在圓筒之底面。他附於活塞。活塞揚上時。圓筒中成眞中。水面爲大氣壓力。衝開筒底之瓣。進入筒中。押下時。因水壓而筒底之瓣閉。水衝開活塞之瓣而出其上。遂流於筒外。瓣以鐵爲之。下附以厚皮活塞。塞之周圍亦附厚皮。圓筒之底。連以竹竿。揷入水中。其長爲二丈八尺。乙亦與甲同。但其瓣之一。不附於活塞。而在由圓筒側壁出之管中爲區劃地之形狀不正從而道路溝渠多甚爲不便且有無路之田往來蹊人之田有種種防礙因之地價低落甚至荒廢故須整理形狀開闢道路使增土地之面積耕耘灌漑排水驅除害蟲等事既便利且容易而地價亦因之增加雖然行此事非多數農家協同一致不可故爲農者宜講求公益同心協力從事可也。

肥料　凡土壤雖含有可爲作物之養分（即燐酸窒素加里石灰苦土鐵等）然被作物吸收。養分漸次減少。特燐酸、窒素、加里三者比他較少。且作物吸收此三者頗多。故不可不加肥料以補其缺。凡肥料概含有此三種物。因云此三者爲肥料之三貴要成分。肥料之價由含此三成分之多少而定。

肥料之物質。其種類甚多。普通別爲直接肥料間接肥料。直接肥料者。可直接爲作物之養分如糞尿是也。間接肥料者。不爲養分而善能改良土性或變在土中而不爲養分者使成養分如石灰是也

直接肥料。又別而爲動物性肥料。植物性肥料。礦物肥料。雜肥四類。動物性肥料者

爲動物之屍體。及其產出之糞尿毛蹄屑等大抵皆富於窒素。分解而爲養分。使作物速於發長。人糞尿家畜糞尿家禽及海鳥糞、魚肥、動物肉肥、蠶屑、骨粉肥等。皆屬之。屬於植物性肥料者。爲苗肥。（蕎麥或菜子豌豆等長三四寸許鋤入土中吾鄉名秋殺）落葉藁稈（收穫時所遺棄者）油粕、豆類糠等。雖非貴要養分。然所貴者供給作物之養分又使土壤膨鬆有改良土性之效

礦物肥料。如過燐酸。石灰、安莫尼亞鹽類、硝酸鹽類、加里鹽類。是也。此等皆由礦物界來。尤富於貴要成分近來需用年年增加。

雜肥者。爲混合糞尿藁稈而作之肥料。如堆肥是也。（河南省農家用此法置藁稈混土壤於道。牛馬過其上。遺糞尿過許日取而另置藁土因此積肥甚多）

間接肥料者。石灰之外。石膏、硫酸、鐵食鹽等屬之。石灰有變中之物質使作物容易吸收化有害物爲無害殺害蟲等之效然濫用之反使土壤瘠薄故須勿過其量

凡肥料除礦物之外。新肥不直爲植物所收。必先腐熟而後可。其能腐熟者。基於一種之細菌之作用也。故積肥料於糞室。或貯於水桶。時時攪拌。待腐熟後用之。牛馬

之糞必置於圈中亦爲使其腐熟也

肥料腐熟之極遂分解含有之窒素變爲安謨尼亞次生硝酸鹽類爲作物之養分故堆積肥料必覆之勿使遇雨因雨水溶解肥料之養分而流去也

積置肥料近土之處養分多被土吸收又雨水灌注養分溶解而入土中此土一掬勝於十掬肥田中糞堆底可以見之故積肥時其下須置土數寸搬運時與糞共之可也

肥料之施用

施用肥料須從各作物之性質而用適應之物質又以適當之方法詳計其時期且適量施之爲宜

作物由其種類而吸收養分之種類及其量不同如某作物多需窒素他之作物多需燐素故知肥料之成分與作物之性質爲農家要事而施用肥料須適於作物之性質尤其要也

又同一作物用同一肥料而其量因氣候及土質而異故施肥之事其關係極廣不易定其量須於各地方精密試驗此各地方所以必設農事試驗場也

施用肥料。不但注意於適量之方法又須案最有效之時期凡肥料入土後。漸次分解。爲作物所吸收。其分解之遲速。由土質及氣候而異。且作物當生長極盛時。多吸收養分。至長成時則止。故案此等事宜選時期以施肥爲善

稻、麥、菽、豆、蔬、菜等。長成不逾期年。故宜用速效之肥料。桑茶等。其長成時期頗久。宜用分解遲而徐呈功效之藁類骨粉等肥料。

人之於作物。有取其實者。有取其葉者。有取其莖者。從而施肥之方法及種類不同。

如上所述。施肥之事。其關係甚複雜。故肥料試驗。有各種之種類方法。其主要者。爲肥料用量試驗。肥料種類試驗。肥料成分試量。由此試驗。於一作物。宜用如何肥料。如何分量。可得而知也。

森林學概論（譯）

陳生

第一節　緒論

吾人航海漫遊。涉足埃及。見夫聳立於沙漠中。高達四百五十尺。佔地一萬千坪。坪

等中國六平方尺爲太古繁華之遺跡者。非所謂埃及之金字塔乎。佇立其前。眺望徘徊。今昔之感。不絕於懷。而歷史所載五千年前文明之建築。今何在乎。且以塔爲墓之埃及大王。其窮極繁華之地。又何在乎。嗚呼。今昔之感。可勝言耶。余客歲以事至歐州。乘機繞道阿非利加北部突尼斯阿爾基爾諸國而行。且觀察此國爲非尼幾阿人種殖民地。西曆紀元前百年頃。爲全盛時代。以通商爲國。是國富兵强。震懾隣國。與羅馬爭覇於海上。稱雄一世。今則衰敗不堪。住民寥落。土地荒蕪。氣候乖和。每年天災連綿。睹此情况。不僅悽然。而歷史上有名之地。如加爾打括市者。其遺蹟全伏於砂漠下矣。余至其地。適見土人自砂中掘出上古市街建築之遺迹。宏壯濶大。雖歐美諸國。罕有其倫。中如演劇場浴室及道路。其最著者也。又從此建築物中。得種種彫刻物。及其他美術品。堪爲現今法國美術界之模範。尤可驚者。二千年前。此街市已有自來水遺跡。水源遠在數百里外。引至其地。貯水池之大者。約有四五。其跡歷然。猶有存者。嗚呼。異已。歷史家曰。榮華之極。人心腐敗。諸事廢弛。其結果遂至於斯。雖然。其遠因信如此矣。而考其近因。則森林荒廢。其一也。何則。以余目擊沙中所有水道及最大木根。非往時蒼然鬱然之森林。供給市民以水源調和氣候。以造爲田圃者耶。然或爲生計所迫。或爲利心所誘。採伐不時。而森林弛矣。由是水溜涸而洪水出。耕田燥而暴風起。氣候因以不調。人民生計。因以不適。及積日既久。飢寒交迫。智識日卑。生活困難。教育罔施。職此之故。欲求其不爲加爾打括。豈可得乎。故余謂觀文明古國。如巴比倫、阿希利阿之滅亡。求其近因。皆當歸於森林之廢弛。然則一國之興亡。關係森林如此。吾國民宜如何尊重之。而事實相反。是可爲長太息者也。古人云、鱗族以水爲天。視水如無。是其物須臾不可離。而因其常需。反視若無用。吾人於森林。亦猶是耳。涸轍之魚。始求乎水。森林荒廢。吾人始思維持。亦已晚矣。雖然、亡羊補牢。猶爲可及。較於嚐而不知。知而不爲者。尚高出萬萬也。

第二節森林學所應研究諸事

今世雖有農地林地之分。回溯大古地球陸地。殆皆爲蒼鬱森林所蔭蔽。棲息於其間而爲原始之民者。或獵野獸取其皮毛以爲衣。或採菓實以爲食。生活簡易極矣。然人類日益繁衍。野獸菓實有限。苟無恒產。斷無有能持其後者。於是取野獸而畜之牧畜之事始興迨其後又形不便然後斬伐山林開墾樹藝培植衣食原料農業端緒開焉爲森林之敵者莫如農業農地日多林地自日減少然以人羣進化之階級推之農業人口之發達在當時必不如今世之繁且盛故妨害林地當不如今世之毒且酷故上古時代未聞有木材缺乏之說至後生齒日繁需用愈多山林之禁弛而人遂得自由出入森林濫盡亦自然之勢也斯時或有人焉攘臂而起知天然者不可以持久必假以人爲或保護固有或栽培新苗而造林事業於是興焉夫農業進步森林遂被蠶食況與農業並駕者又有商業交通便利林產物之用途日見發達價亦隨之騰貴急於營利之人無端濫伐由此山岳崩壞洪水奔騰水源涸絕氣候失和冰雹爲災斯時也上而政府下而國民獎勵培植兼設學堂而林學亦於是起。林業者專事種植而直接間接供給人之効用者也。林學者所以研究其適當之方法者也。蓋森林自上古經種種之變遷以至今日。林學經種種之階梯始有今日。則自今以往。其長足進步。不待龜蓍。特其初基於少數之經驗。又因各種科學進步。不智識及。應用隨之。至今林學遂成一種緊要科學。與農學對峙。又與林學有密接之關係者。如數學、物理、動物、植物、地質、氣象、經濟諸科學。均應研究者也。其範圍之廣。於此可見矣。

第三節森林與人直接之効用

森林之主產物爲木材於吾人關係特密如建築土木器械及鐵道枕木。皆最急需者也。近因鐵與石炭應用發達。而木材用途。較昔少省。然學術技藝進步愈烈生物之需用亦愈夥新開用途。如造紙將木分爲纖徵。作製紙原料。紡之可以織絹。他如木醋、木精、燈用瓦斯、阿尼燐色素。皆近代所發明而實用者也。此外如落葉菌蕈菓實。林中所棲野獸。種種副產物。効用曷可勝計。又於此數多生產中。將需用最可爲吾人注目者。其製紙原料是也。徵於一千九百六年。德國之統計表。全國所用製紙原料。費木三千萬尺。本國所產。曾不足用三分之一。仰給於俄。又依日本昨年統計表。明治三十六年、新聞雜誌。數達一萬五千種。需本國所製紙額。約一千一百萬圓。外國所產紙額。一百八十八萬圓。費用如此其巨。其中雖有以藁等爲原料者。然大部分實用木材。故某學者云、爲森林荒廢之一大敵者。實報紙是也。其言可深味矣。

總之森林之直接効用與世界文明爲正比例。可斷言也。

第四節森林與人間接之効用

(一)森林與氣候之關係　凡一地方所有之空氣。其組成要素雖甚複雜。然必有與其地之空氣及溫度相關係者特空氣直接受日光較少故日光由空氣一入他物因反射力而熱度較强夏季空氣炎熱使人有難堪之感非僅太陽之熱度過高使然實自地面反射之熱度使然也有森林爲吸收之作用於其間則夏季溫度可使減小而冬季溫度何使增大故森林有調和寒暑之作用大抵森林內之溫度。較林外夏季日中。約減四度。冬季夜中約高一度寒暑之差甚微即氣候調和之一證也。蓋森林因有枝葉遮蔽陽光僅一部分能達地面故熱力小又因枝葉有蒸發作用能吸收空氣中之熱量而夜間及冬季因自地中放散之熱有枝葉包護不即消滅此夏季林內所以較涼而冬季稍暖也依毛阿括布氏之說。印度森林。七月中較平均溫度約減攝氏三度三分之一。要之皆此調和作用爲之也其在關於濕氣者溫度之高低在一定量之空氣中所含濕氣多寡爲比例林內溫度較林外常低故所含濕氣恆多又因林木常自枝葉蒸發多量水分凝聚積累、幾近飽和而空氣含此者之部分一遇冷風即化爲雨或自海上吹來之風。通過長林亦易成雨是故植樹於荒蕪之地則旱魃可以不患而或轉嫌其多雨者有之矣、要之雨量多寡因乎濕氣濕氣濃薄關乎溫度溫度高低又賴乎森林則森林者誠人生急需之用而不可一日無者也吾國近年司土無官農政廢弛伐取無一定之時。培植無適當之法。山澤空矣。水旱繁興往往一省之中。南部患水。而北部惡旱者。所在皆是。豈天獨結怨於我。抑亦人謀不藏之咎耳。　（未完）

按此條於吾西北有最大利益。陝甘兩省。地處西陲。拖大陸氣候。西南爲崑崙支系所障蔽。故印度洋支那海等所來之水氣。被山隔斷。所餘者祇黃海渤海蒸發之水氣。間能流通引受。故吾鄉老人。臨吹東風。即占有雨。亦事實上之一證也。況西北一帶土地荒蕪。僅有吸收之力。毫無蒸發之能。每年平均比較。旱時常居十之七八。苟能取其高爽之地。植以松柏杉椿。卑濕之地。植以桑楡等。數年之後。直接可以充實木材。間接可以調和空氣。且如前言。鐵道建築。正在萌芽。使西蘭鐵道一開。異日全國木材。仰給於西北者。不知達何地位。是森林實富源所在。吾鄉人士多明於自利。其亦有起而爲之者乎。是自利之一道也。譯者誌。

衛生宜先注意於食物

錚俠

吾國人以不潔見惡于世。地球雖大。凡吾民族足跡所到處。莫不被人排斥。而其最慘烈最野蠻者。尤莫美國焚檀香山華僑市埠若。一言蔽之曰。吾民不知衛生耳。不知衛生者。不善保護健康耳。嗚呼。此老大帝國支那病夫之特別名詞。日日騰笑於外人之口也。夫健康之於人也。更較財產爲寶貴。使一旦違和抱病。非第失箇人之愉樂。感不快之痛楚而已。其職業力與夫日夜孳孳所收得者。亦必因之而減。且因恢復健康之故。又須遷延無限之時日。耗費數多之金額。憂苦集于一身。困乏累及家室。箇人之職業力生產力既減。則社會一般之職業力生產力。必受其影響。不特此也。國家因扶助赤貧救濟病患者之故。社會經濟亦必大被影響。病人愈多。消費愈大。病人愈少。消費愈減。此顯而易見之理。亦吾人所不可不注意也。若其病性屬傳染則危害波及于社會者更甚且大彼多數學者以富國强兵之策歸功於衛生者豈欺言哉「西哲有言曰。健康之精神寓于健康之身體」余再進而言之健康之國家即寄于健康之國民何以故以國家者由人民所積故然則欲保護健康舍衛生奚由哉夫衛生云者豈第在保護人之健康哉。尤在增益其健康使能豫防病疾滅除殘廢而圖職業力之永久壽命之延長此實衛生學之目的也在醫學家則稱之曰健康學「素問有云病既成而藥之亂既成而治之譬猶渴而掘井亂而鑄兵不亦晚乎」衛生學之目的亦猶是也日本之有衛生二字也。始于明治七年。而爲故長與專齋兩先生所。撰定意義蓋源于莊子云。

衛生分爲二種。凡關于箇人者。曰箇人衛生。關于公衆者。曰公衆衛生。公衆衛生中。亦有須俟國法而始能達其目的者。則歸于衛生行政法。今所先言者。乃屬箇人衛生而箇人衛生則不可不先注意于食物試爲一一詳言之於下。以供有心衛生者之一覽。

吾人生存于地球上若欲維持生活而保護其健康則於水及大氣之外所最宜注

意者蓋莫過於食物然所食之食物又決非僅一食素而能達其目的須取其能營養身體組織之物而調和用之如蛋白質　含水炭素　脂肪　水　鹽分等是也。蓋蛋白質者。乃人體諸器官之基質是即構造機關之材料含水炭素者能由其酸化作用而發生體溫及運動。是即機關之燃料也而脂肪者則能代此而爲用者也。故吾人日常食物。宜取是等含有食素之食物而調和之。再加以芳香之嗜好品。使其味美而甘以期百食不厭

食物分爲二種一曰動物性食品。一曰植物性食品。凡乳汁類。肉類。卵類。均屬于前者而穀類。豆類。諸類則皆隸于後者吾人所用食物則宜取兩者兼而有之用之茲將關于食餌之二三要項舉之如左。

第一　食餌之攝取也　須擇混有上述之食素者。而調和適當之比例以用之至其分量之與種類則因身體之構造及生活之狀態而人各有異強健之勞働者與夫虛弱之安逸者其體質既相逕庭故食物亦難以相提並論總之過與不及皆非宜也其在歐洲也。凡每日能作業至九時十時之壯年男子。如兵丁職

工奴僕等。一日所要食素之量。須窒素（即淡氣）一八三葛蘭炭素三二八葛蘭而爲之根據。以定在所列之保健食料。

	分量	窒素	炭素
蛋白質	一一八葛蘭	一八三葛蘭	六三葛蘭
脂肪	五六葛蘭	…………	四三葛蘭
含水炭素	五〇〇葛蘭	…………	二二一葛蘭
合計	六七四葛蘭	一八三葛蘭	三二八葛蘭

註、一葛蘭者、約二分四厘也、

但日用食料。各人所攝取食物之分量。因其年齡性質季候及勞働之程度而異。今試列舉每一日間可攝取之食料最少量於左。

年齡	蛋白質	脂肪	含水炭素
一年半之小兒者	二〇—三六葛蘭	三〇—四五葛蘭	六〇—九〇葛蘭
六歲以至十五歲	七〇—八〇	三七—五〇	二五〇—三〇〇

成人而中等之勞働者	九二	二〇	四五〇
成人而强度之勞働者	一〇〇—一二〇	四〇	六〇〇
高齡男子	八〇	二〇	三〇〇
高齡女子	七〇	二〇	二六〇

雖然、東西人種之體質重量旣異。則其他種種關係亦必因之不同。故日人所要食物之量。自必與吾國人少有區別。茲以左表所列者。乃爲日本人保健食料之適宜者焉。

	分量	窒素	炭素
蛋白質	九六葛蘭	一四、九五葛蘭	五一葛蘭
脂肪	四五葛蘭	…………	三一葛蘭
含水炭素	四〇六葛蘭	…………	一八〇葛蘭
合計	五四七葛蘭	一四九五葛蘭	二六六葛蘭

日本醫學博士森林太郎君。又以蛋白質七一。脂肪一四。含水炭素五一四。爲日本

人最適當之保健食料云。

第二 宜留心食品之消化及吸收也。

吾人之攝取食物也。蓋因此可以將營養分吸收于血中也故消化與吸收均得良好則其食品之分量不必用多量也然而必宜擇其精者尤宜調和嗜好品及鹽類以美其味若當攝取之時而能將食品反復咀嚼則亦可使消化及吸收共得良結果焉

第三 宜豫防食品嗜好品及調和物而生障礙也

食品之過量也性狀之不良也溫度之不齊也。凡此均能有害于人體何則譬如俄然過食或多食猛烈之香料（如花椒面香芥末辣子等皆是）與夫濫用激烈之酒精飲料皆足為消化器生障礙之原因而寒冷過度者亦為大害之兆

第四 宜注意調理食物器及貯藏器也

凡調理食物之器及貯藏之器吾人亦宜留心而取擇之如陶器、玻璃器、銀 錫 良漆器等。皆屬無害之品而含有銅 真鍮 鉛等之器則均為有毒之物也。

以上四條。為衛生上最普通之理即為保護健康增進幸福最切要之圖義理明顯

單簡易行我國民若能依法珍護始終不懈豈惟延一己之壽命強國強種皆將於是卜之

國報廣告

本報以指導國民獨立提倡地方自治爲主義數年來吾國所醞釀之政見一旦爲根本之解決如土委地與國民之箴言寶訓而救亡之金科玉律也時潮澎湃言久令收便要之淫辭道公正之言論其在斯乎法理文章文質相形現代政治界唯一之大雜誌也憂時之士其亦先睹爲快乎第二號付梓不日出版如欲訂閱者祈逕函達本社或向雲南四川河南夏聲晉乘各雜誌社代購皆可。

每月一回發行

全年十二冊二元半　半年六冊一元一角

零售一冊二角

日本東京神田區仲猿樂町五番地

國報社啓

河南雜誌廣告

登嵩望而四顧京漢鐵路操於俄比乎吾省腹心寶慶礦產讓於英吏擾夫吾省既爲吾國衝要而海面瓜分析競者復蜂擁而來集視線於中心點生命財產之遺將盡於一網牛馬奴隸之辱誰樂夫前車本社同人恝然心憂發萃全力組成斯報月出一冊排脫依賴性質激發愛國天良作醒夢之警鐘爲文明之導線對於本省勵自治自立之責對於各省盡相友相助之義第三號現已出版凡我同胞盍其來購

河南雜誌社啓

甲乙兩編　學海　每月發刊

兵戰不如商戰商戰不如學戰處今日鬬智之時代詎不巧拾周流精心冥造以求滿洽智識豈僅文明論欲墨守陳遺封閉故步而犄角於二十世紀其不歸於劣敗者鮮矣歐風東漸時局阽危海內同胞應若何瞭明當務焉以攻實科學爲上策然吾儕年齡普通律建此揭予所謂學戰時精神學說持適宗旨務實行而已者也

本社有感於此以紹介世界學說發揚祖國新知爲宗旨濟嚶同志共出所組織日學海分甲乙二編文法政商隸於甲理工農醫隸於乙試覽一管遍調劑世之有志科學攖心世局者盍以先睹爲快也

每冊銀圓二角　全年二圓　半年一元六角

日本東京本鄉西須賀町九番地

北京大學留日學生編譯社啓

定期出版

!!! 學海之特色 !!!

本社所出學海綜其內容計有六種一學說二叢譯（皆係分科編譯唯篇幅有長短之分）三譯錄（如小說詩文等類皆以編譯為主）四叢要（係就海內外新出書報擇尤提要）五調查（吾國年來派人來東調查一切然其所得皆未能公諸國民本報特設此門藉補其闕）六紹介（此係對日本商工業界及我國之與日本商工業界有關係者而言）雖每號不能備載然必載有三種以上是為學海特色購閱諸君幸留意焉

雲南雜誌社週年紀念特別大贈彩定購全年劵發行廣告

凡定購雲南雜誌全年或漢譯法人必取雲南之原因及其方法豫約劵一分抑或中外日報神州日報時事報暨各全年一分並語武學雜誌英語學雜誌四川河南夏聲豫學海國報學商務東江西各雜誌全年二分除自紛訂報收條照數寄報外並立呈開彩番號票故開彩後得向本社或計購處領取所中彩金假定發行券數定購全年劵二萬分總彩金額一萬元頭彩五百元一支二彩百元二支三彩五十元十支四彩五元十百五彩一元千支八彩五角百支七彩紀念増刊寄贈大冊人一票落空截止期限東京中縣六月廿日中國各地遠處五月廿近處六日初十開彩日期中縣七月二十九日開彩地東京錦輝館發行處除本社及支社外中國日本共百餘處由西省城晉新書社由西省城分發書局上海中外日報館均代派本社尤異於內務省總有相當之保證金且開票時須請讀者諸君及各報代表者臨場最為確實至本社代派報若干所訂閱內容利本社之有並當之責任餘日不增人人中彩較之購彩票者利益何如期限甚短少繼期遊詳章見本報第十一號寄贈本社之義務社絕大資本且例當此舉者乃欲愈行推廣本報於本省及各省以達救亡之圖諸目的並紹介內外各大報於一般社會其收文明之結果區區苦心諒為諸君所共鑒此佈

東京神田駿河臺西紅梅町六番地

雲南雜誌社

（電話本局二千四百三十三番）

四川雜誌廣告

蠶叢峩之巔以關中國西南半壁六詔危兩歲失蜀之形勢險殆極矣而地處邊陲民智錮蔽釜魚幕燕其樂方酣本社同志悲焉傷之爰組織斯報以餉邦人其主義在輸入世界文明研究地方自治經營藏衛領土開拓路鑛利源就此等問題切實發揮和平鼓吹使我蜀國同胞起作神州砥柱噫秋色蒼茫海天萬里云誰之思西方美人我七千萬伯叔昆弟諸姑姊妹其亦將聞風而起乎第三冊冊已出版

每月一冊每冊二角訂半年者一元一角全年二元

郵費另加

日本東京牛込區市ヶ谷佐內坂町三十四番地

四川雜誌社啓

粵西雜誌社廣告

瘴霧亘天腥妖蔽道吳牛喘月代馬銜霜尼滄心以默照佛慧眼以靜觀覺大千世界之中尚有常在畏途而未登由道者故園回首望誰苦海作慈航客劍悲鳴忍顧鄉關乘越寇天良未泯義憤橫胸海外徜徉計將焉選同人等乃於去冬創辦此報按月發行雄雞一聲天下白同桑梓人父老之所歡迎抑亦中原大雅之所認賞也珠江浪激翻成民族潮流桂嶺杳痕怒發文明奇葩是祝其後焉請自購閱始

東京神田區猿樂町三番地

粵西雜誌社白

東亞月報廣告

本報爲日本獨一無二之漢字雜誌其宗旨之廣大議論之精純卓乎流俗之上又兼博採列國輿情遠溯古朝歷史以振瞶啓聾洵東方之木鐸哉我華韓諸先輩苟欲通知當世之大勢眷念人道之不滅有仔肩振作東亞大局者誠不可不人手一册以資研究之料也

全年十二册定價日金二圓四十錢

半年六册定價日金一圓三十錢

日本東京牛込區中町二十番地

東亞月報編輯局謹啓

關隴雜誌廣告 （第三期已出）

關隴爲西北鎖鑰。天然占優勝之形勢。其存亡得喪。在歷史上地理上。罔不與神州全局有絕大之關係。況自俄人受挫遼陽後。颶風西轉。撼我崑侖西北。警日緊。日本社同人。慨切桑梓之危。復深祖國之痛。爰自忘其愚。矢移山志。組織斯報。專以提倡愛國精神。濬瀹普通智識爲宗旨。其於强俄在西蒙回疆之舉動。及關隴與吾國全局關係之點。尤特別注意發揮靡遺。凡留心西北情勢者。幸垂覽焉。

日本東京麴町區飯田町五ノ三六

關隴雜誌社啓

江西雜誌廣告

莊周有言。泉涸則魚相呴以沫。而相忘於江湖。故鳥之將死其鳴哀。心所謂危必以告。本社同人。慨故鄉之不競。傷來日之大難。願同長吉之嘔心肝。不避孫卿之譏曰耳剽取所學。組一雜誌。顏曰江西。專以導引文明。濬發民智。鼓吹地方自治。圖謀社會公益。嗟夫、歐風東捲。國步艱危。江西處揚子江流域。潮流震盪。日益劇烈。而日本報聲言欲括諸州權利。南潯軌線。延緩徒勞。數載工程。渺渺章門。沉沉黑獄。廬山黯其無色。贛水咽而失聲。於人曰浩然。安得文山之氣。問天其何意。太息若士之詞。言之不文。惟以告哀。邦人諸友。其或有取於斯。

江西雜誌社啓

本社近承日人早崎梗吉氏寄贈本省名跡寫眞數枚本雜誌自第三期以來已各載有一枚所餘亦即續載特誌數言以鳴感謝

本社白

傷春感有事　原註均略

迹　陶

花時曾上木蘭艭，竹葉香溫玉滿缸，最是酒醒人去後，五更風雨打船窗。
猩藉紅飛瘦不支，強揩淚眼看殘棋，春山寂寂鶯花老，腸斷斜陽欲下時。
薫殘荳蔻盟薔薇，蝴蝶鴛鴦作對飛，一徑芬芳留不住，劉郎重到是耶非。
尋芳隊隊趁香車，攀折枝條引翠裙，欲覓芎藭療擘病，裙腰鬆腿畏河魚。
雕欄窈窕兒羅綺，點綴臙脂入畫圖，沈醉恣他蜂蝶去，花奴春困莫相呼。
垂柳毿毿拂大隄，王孫臨去馬頻嘶，流鶯不管人憔悴，飛向高枝故故嚦。
沽春典盡鳳頭釵，豈有閑情步禁街，多謝鄰家賢姊妹，隨時勸繡踏青鞵。
瑤池阿母綺筵開，千歲蟠桃捧壽杯，羯鼓打翻花世界，只應極樂是蓬萊。
玉管瓊簫遏紫雲，花枝豔拂石榴裙，閒中冷放旁觀眼，始信揚州月二分。

摟臺處處貫晴暄蜀錦吳綾剪作旛費盡深閨調護力芬菲桃李儘無言
別去方知笑語難夜涼如水被池寒紅樓珠箔花無主鏡裏生憎見彩鸞
鏡面波光照霧鬟仙居占盡好湖山只緣不吠劉安犬一任游人自往還

書願　　關西餘子

世界風潮洩尾閭一堂學戰力驅除覇才抱腕斯多嘀敗將談兵李左車有膽橫行
椎宿怨無權破產購新書文明倘道頭顱換西北狂生倘有渠

剝果詞話

神州舊主撰

吳山尊學士倚聲。酷好一萼紅調。曾有百萼紅詞之刻。盈卷百餘闋。皆此調也。漚尹侍郎與吾鄉李郢雲水部。在滬上有百衲紅衣之約。蓋援山尊例和白石惜紅衣原韻海內作者迭起賡續已得三十餘首陽九百六之交舊學荒蕪得此殊可增詞林韻事矣錄漚尹詞兩首。叔問示新詞又疏論白石旁譜稽譔同異砭我庸音爰用其說和白石一解云。倦網催潮。回笛算日。病銷吟力。抱魄江蟾吟鐙半規碧淸紘誤轉誰解顧當筵琴客春寂香暗影疏說梅邊聲息　西風滿陌來去吳塵閑愁亂雲藉滄洲夢在舊國雁行北解惜暮年詞賦都是庾郎經歷要舊狂同理來醉一園楓色

又張園遇伍昭扆感近事作云。倦侶哀時。長愁費日。坐支衰力。病裏登臺霜林媚紅碧當尊注酒。持一笑剛腸隨客。喧寂涼雨雁聲識殊方棲息　明鐙廣陌盈匊狂塵蒼波蕩愁藉滋盧和淚去國海西北斷得故山歸思何地釣游尋歷醉晚香無語知是誰家秋色。郢雲一首。題瞿忠宣公手蹟卷云。桂管頹雲。虞淵返日。老臣心力花木東皋吳山夢幽碧哀蟬聲影誰解識南冠羈客蕭寂心痛鼎湖斷龍髯音息　銅駝巷陌寥落行宮鵑聲怨紅藉金輿不返瘴國泪江北留得兩朝文獻都是劫灰曾歷屐幾行心畫如見風霜顏色白石此闋。句律綦嚴中間客子國字皆句中韻。後人屬和者。多失此二韻。北海鄭叔問徵君。始鈎稽白石詞集旁刻工尺字而得之。然叔問並謂第二句日字亦川韻。援踏莎行起語爲例。朱李詞皆依其說。未敢信爲是也。叔問名文焯。本山東人。北宋末。隨二宗北狩。遂爲滿州人。叔問中乙亥舉人。始呈歸原藉。其詞爲今代大家。而於律呂之學。尤有神悟。彈琴冠一時。畫宗南田。尤超軼絕塵。

故朱詞有當筵琴客之語。所著詞有瘦碧冷紅比竹餘音三種。獻箴以來。執筆欲有所作。輒不成韻。偶得漚尹元夕和夢牕六醜一闋。實獲我心。即錄如下。漸梅鈿狹損。翠閣暝花風新掣。剪淞半斜溪綃冰暈滅徵釀春節。細漏丁東際。繡旛雙影。傍錦街高揭。驕驄競路衝塵熱。霧絡銷香波簾卷纈沈沈釃寒城闕被聲簫成陣迤邐吹徹　吟悰未歇奈侵年華髮記得傳柑事情味列春芳又近鳴鳩任良宵倦趂曲坊巾襪銀河爐鬧娥飛絕不堪是擲遍金錢換了舊時明月歌塵定猶旋回雪聽笑語凝白闌外清銷暗結讀不堪是擲遍金錢換了舊時明月之句使人浩歎當此青紅兒女紫騮飛躍笙歌迷醉之時白髮詞人抱膝高吟環堵間是非眞別有傷心者也

冒險小說　萍雪緣

子羽

第二回　雪夜迷途脫驂逢好友　冰河蹈險投火退羣狼

話說前回書中所述。亨利家席上。因爭論英雄。嚷鬧到不成個樣子。要問那場大鬧。究竟怎生收拾。這事在下也沒那閑工夫去細說。只不過鬧到大家沒趣時。自然會不鬧了。這且不必管他。我剛說得個不管。誰知就有人不依了。他道呢。說書的不管也自由你。但這件事與這部書又有甚麼關係呢。費上工夫。說一大篇散話。便楞把他算作一回。你敢眞個的是吃飽了。沒事幹了罷。這卻不然。外國文與漢文組織不同。心思各別。他原書是這樣的。羽衣客譯書時。既不犯着大變動他。我說書的也只得從這件事說起了。況且我說不管。并不是從此取消。不過暫時擱起罷了。說過的那些人往後還有用處。列位剛聽得一回。怎便知道與全書毫無關係呢。閑話休題。卻說那與脫那說的泮生喬治說的雪鴻那兩個孩子。到底是甚樣的人呢。那便是這書中的主人翁了。話分兩頭。且先從從生說起。那泮生原是中國人。襁褓中父母俱亡。爲英人茶利斯收養。茶利斯子女俱無。遂視泮生如己出。至於其父母因何飄流異國。泮生自幾歲時爲茶利斯收養他。原書並未詳敘。說書的也不便杜撰武斷。

淶生自幼生長茶利斯家。遂父茶利斯。茶利斯原是英國大政治家。家於蘇格蘭西部。其後以事爲英帝室所忌。不能在蘇格蘭駐足。遂決計移家避禍。其家本甚富。在非美二洲。貿易極盛。茶利斯順便沿路經理商業。隨處逗留。年餘之久。纔卜居於北美合衆國俄海州戲馬村。其時淶生正十歲了。那淶生急質與尋常小兒迥異自幼最好跋涉山野每趁學課。餘暇。便獨自向荒僻處去打獵玩耍久而久之。竟成習慣。每出弋獲倍於壯夫在英國時。其家近旁村市的人。無不知道他的名字都說是長成必定不凡。及至搬到美國住過了一年。那淶生恰好十六歲了。有一天從學堂回來。又獨自個。攜了獵槍騎匹馬出去閑游。那馬名叫潑風。原是茶利斯的名馬。他騎上這馬跑得高興了。放開轡頭不覺已是六七十里那時正值嚴冬更兼連日大雪初晴滿地白茫茫的幾乎看不出路逕遠望左側深樹中露出一帶長溪溪水凍結氷光如鏡四周疎密遠近的叢林戴着殘雪與那山半夕陽兩相輝映眞個是畵工不到的妙境三春時節縱然叢林積翠山色如妝那能及得這明淨淡逸爽人心目呢淶生對着這奇景喜的忘了情坐在馬上東張西盼。兀自由着那馬向山林中走去那馬雖說是名馬。不畏險阻但是目不及見的險處卻也是難防的那萍生放開馬正走得興頭不料前面雪下隱著個深穴那馬正走間忽然撲通一聲前蹄陷將下去萍生正裝了槍對著一個小兔要擊時冷不防被馬一閃翻的從馬項上倒栽下來馬足陷住一時不能拔出萍生從地上翻起提著繮揚著鞭吆喝那馬那馬用力掙扎起時前蹄卻早挫傷這一來連他自己走著都費力還能馱人嗎萍生沒了法只得背了槍牽著跛馬無精打彩的從那崎嶇山徑中一步步挨將回來正走著猛然呀了一聲道這事有些不妙呢口裡說著低了頭不知想些甚麼又停住腳四下望了一望仍復前進列位萍生那時想些怎麼呢。且待我來設身處地的替他打算打算看。（第一）此處距他家雖說不遠。然六七十里。卻也不算是很近。（第二）天雖未黑。然日已啣山。又牽著一匹三條腿的贅貨。無論如何是不能到家的了。（第三）照上說時。既不能到家。又不能獨自在這四無人蹤猛獸出沒的地方過夜。然則不尋個穩妥藏身之所是不行的了。萍生那時想算。或者便是如此。也未可知此時要是別的孩子早已慌了他卻安定如常四下看了一會仍就牽著馬唱著歇。認了回去的方向。在那雪地中。忽左忽右的。漫漫走去。走了多時。日已全落。四圍漸漸黑暗。這般荒僻去處。又兼積雪埋途。白晝倘易迷路。何況夜間。萍生那時。也有些發急起來。忽見前面三四株最高喬木。恍惚來時曾從那樹下經過一般。他便照著那樹直望前進。正走著猛見樹那廂彷彿似有人影行動。便大聲招呼了一聲。却不聽得那邊答應。萍生不覺驚疑。恐是歹人。便從背上去下槍來。提在手中。又向前進。只見那人影漸行漸近。萍生又招呼一聲。便隱隱的聽得那面應了一聲。萍生心便稍安。不多時相隔愈近。却見是兩個人都騎著馬。萍生定睛看時。不料却是相識的朋友。那人名叫武安。住在離他家二十餘里的個村內。平時往來甚熟。後面馬上是武安的僕人。萍生大喜。叫道原來是儞。儞這般時分。還向那裡去。武安走近。跳下馬來道。呀、儞怎麽也在這裡。我今天出來打獵玩耍。不覺走遠了。現在正回去呢。儞這般時候不回家。還向那邊去作甚麽。儞有馬不騎。倒牽著走。萍生笑道。我也正要回去了。說也好笑。今天下午沒事。騎了這馬。到前面閑耍。不料這馬又閃傷了蹄。這不是。儞看。拉著都走不動。這樣子倒得尋個馬把他馱上纔好哪。他還能馱我嗎。路又遠照這麼一步一停的磨。投萍到家。還不知到甚麼時候呢。眞眞是敗興。武安道。這麼說。儞現在是要回去的了。萍生道。可不是麼。武安笑道。儞回去到從這麼走。就一世也莫想到家。萍生咤道。怎麼難道會走錯了麼。武安道。恰好錯了些兒。儞看前面不是一帶叢林嗎。轉過那林直向右去。總是儞回去的路咧。萍生聽了。不由發急道怎好呢。幸虧遇見儞。如今天又黑了。那邊的路。我又不淸楚。又牽著這贅貨。怎樣走呢。說著不覺躊躇起來。武安道。這樣罷。我家距這裡不過二十來里。儞今夜到我家去暫住。明天從我家回去不好嗎。萍生沈吟道。怎好又無故去打擾儞呢。武安尙未及答。萍生接著說道。也好、也好、竟同儞去罷。到儞那裡。我回去就容易了。也省得再倒走轉去。說著反催武安道。走罷走罷。別擔擱了。武安笑道。儞總是這般急性。當下武安把僕人的馬讓他騎了。把那跛馬。命僕人替他拉著。一同緩緩行去。說著話。也不覺遠。不一時。早到了。武安家這時武安的僕人因牽著那馬。故尙未到。武安便自己把馬牽到廐中。喂上。進去命家下備了酒飯。同萍生喫畢。那僕人方始到來。武安吩咐他把馬喂好。二人便圍鑪閑話起來。正說得投機。猛聽得壁間時儀。噹々的九下。萍生立起道。談得暢快。連時候的遲早都不道了。我們再見罷。那馬暫寄兄處。明日來取。說著便向外走。武安施住道。倆又來了。黑地裡定要從那危險處回去。卻是何苦。倆現在又多喝了酒。我勸倆還是住一夜好。萍生道。論理本不該違倆盛意。奈何我來時堂上老人家再三囑咐早回我應了纔來的如今不回去卻要累老人家操一夜心倆還是放我回去好了。武安道這般說實在沒法。我也不便強留但是這條路。黑地裡走。總有些不妥。萍生道。那倒不妨。這路我已走熟了。說著。逕走了出來。武安送至門口。問道。倆打算從那裡回去呢。萍生道。自然還是從那森林中過去。別處的路。我卻不知道。武安道。啊呀。那條路可是走得的嗎。那森林左近是羣狼盤據的地方。難道不知麼。倆聽我說罷。那前面不是一帶長溪嗎。那溪面冰已厚結。我素知倆走冰的工夫。十分純熟我把冰靴借給倆。倆從那冰上滑將下去。還用不了三十分鐘就直到倆村子跟前比那路少微平穩些。那還就使遇見一半隻狼。倆現有快槍莫有甚麼要緊。但總須留神纔好。萍生喜道。那更好了。當下武安便將冰靴取來。交給萍生。萍生又託他照顧那馬。遂別過武安。向溪邊行去。這時正是下旬時候。到得溪邊。但見對岸沿堤一帶松林。戴雪籠烟。一灣斜月。恰好桂在林杪。溪上冰光。映著月色。與四周殘雪暈射。眞個是萬籟無聲。一塵不染的仙境。萍生原已微醺。忽到了這般清涼境界。驟覺心神俱爽。萬念都消。趁著月色踏定冰靴。倒拖著熗。向那溪面上飛也似的走去。正走著。自言自語的道。好笑麼。這般好去處。顚倒說甚危險。又說甚有猿。自己膽包不過。還要唬嚇人。說尙未了。猛覺肩頷有人從後一撲。萍生一驚。更不回顧。順手將熗頭短双向後一戮。只聽呌一聲。那人已倒。忙轉身看時。却是一隻蒼猿。萍生想道。武安的話。果是不錯。這孳畜竟這般凶狡。好不危險呢。若再有幾隻到來。却甚是費手。不如快走罷。想畢。剛要轉身。忽見對面像隻獵犬一般的東西。對自己狂奔過來。萍生愕然道。猿……　說著提熗便擊。不料伸手取彈子時。却連彈囊都不見了。心中大詫。猛憶方纔在武安處吃飯時。從身邊取下。置放地上。來時匆忙。忘却携帶。當時不免心下著忙。忽又想白天尙裝有一彈在熗內。因從馬上跌下。尙未及射出。便擧起熗來。對准那猿。撥機待放。忽又停住。心裡想道。僅有這一彈了。若擊之不中。却不是可惜。就使中了。若再來數隻。却怎處。還是避他爲妙當時便翻轉身向前奔走。不料狠那東西跑的極速。萍生正跑著回頭見那狠跑的比他在氷上滑的還急。心下道壞了。這樣終久是要被他追上呢。登時兩足用勁意再加些速力。不料那腿却不如他意。再也不能快了。轉眼間那狼已在二丈以內。萍生正想待他近前時。仍用鎗刺他。不料那狼却也奇怪。只在一丈內外。忽緊忽慢的跟著。不近前來。萍生詫詫異道。古怪。這東西爲何不近前來呢。便索性立住等他。誰知那狼也登時立住。萍生越發詫異。猛然省悟道。是了。這畜生倒狡猾呢。敢是引我到巢穴近旁。好叫同伴來對付我麽。且再走兩步看。想畢復往前跑。遠遠望見左手岸上一帶叢林。正是來時經過的地方。知道離家不過四五里了。稍覺心安。忽聽背面怪聲大作。回頭看時。却見那狼已跳在岸上。將嘴拄地。嗚嗚的大嗷起來。萍生猛驚道。不好。這東西果然如此。此時也顧不了許多。且先收拾了他再說。恰好前面溪岸灣環。恰如銳角曲線。萍生跑到灣角。驀然立住。翻身擎了鎗。向著河面。只見那狼較前踴躍數倍。連蹤帶跳的奔來。萍生認准便擊。彈烟過處。却見那狼略一避易。仍復奔來。萍生不覺著忙。又聽遠遠的狼聲不斷。轉眼間。氷面上已增了十餘隻這筐上斜倚如椽之枯骨數節。骨面和黃泥。似新出土者。問之。荷畚人答曰。龍骨也。醉生固盲於物理者。瞿然曰。龍！。龍骨！。龍骨固如是大耶。荷畚人曰。此非其大者。吾等嘗於彼處翠芒峯下。岩石崩裂處。得一骨。粗且十圍。吾等舁以歸。大費力。售之藥肆。獲價甚巨。

醉生曰。異哉。龍、鱗族之至靈者也。其德、陽剛。其智、力厚。其出、能伏一切邪魔。其飛而在天者。曰天龍。蒼蒼者之爪牙也。其居下界者。曰水龍。曰火龍。水火風雲雷電雨雪皆隸焉。歷代封之曰龍王。水居之龍王尤富強。礫石珠玉。壓土錦貝。動物界中。無敢正視者。異形之魚蛇。吾人恐其爲龍子龍孫。猶保獲之。勿敢觸。何居乎乃藥龍之骨也。

殷憂曰。噫。子何傎。龍之不能生存於世界久矣。其德其智力。吾無從知。吾方熱思之。子勿復覺言。言龍王。醉生尚欲有言。殷憂曰。日暮矣。盍歸乎。問荷畚人以逕。匆匆遂歸。

殷憂倦甚。掌燈時即就枕。忽醉生來邀。隨之出。惘惘中復至前遊之處。見一偉男子。

倚石長嘯。正如杜詩『高帝子孫盡隆準　龍種自與凡人殊』然視其形色。一似重有感者。醉生怪而問焉。其人曰。吾爲有龍氏之戮民。本神洲之貴種。於三千年前亡國。二千五百年前亡種也。生無安棲。死無葬地。委骨於荒穢僻劣之所在而猶不獲免。吾用是感。於是醉殷二人皆甚愕。面相覷。其人曰。客疑吾言乎。客如不厭絮絮。請爲客略述吾族之歷史。二人同聲曰。善。請述之。

乃述曰。吾龍族。自洪水前之五千年。即建國神洲。其方域。西起崑崙。東割瀛海。包擧黃河揚子江珠江三流域。國民富魄力。水陸兩棲。人皆以神明之胄目之。國民亦以神明之胄自雄。嘗與東海異族開釁。吾族發明水戰之法。沈滅岱員二國。又發明火戰之法。攻滅蓬瀛方三國。遂霸東方。號爲龍伯。遠近震其能火戰也。是以有火龍之稱。

炎黃二帝。爲黎族之蚩尤所困。吾族應氏援黃帝。滅蚩尤。始建中國。天下戲傳龍垂鬚。援黃帝上昇云云。因之遂有天龍之稱。

自時厥後。吾民驕甚。悠悠千年。不求進步。體魄老大。生計日蹙。而外人震其先世餘威。務造訛言。益長其虛驕之氣。即如言八卦者。擬乾爲龍。夫乾。天下之至健者也。而曰、乾、爲龍。則蓮花似六郎矣。見雲雨之施行。則曰、龍、噓、氣、所成也。見動物中電之良導體。如蜥蜴蜈蚣等。以傳電而死。則曰、龍、誅、之也。治河工者僥倖安瀾。必以牛一、羊一、豕一、大藏香三名戲劇三。獻之龍廷。曰大、王、之、力、也。甚至造劉媼與龍形接。薄后與龍魂交之說。謂中、國、之、帝、王。必龍、種、乃克、當之。顧龍實無一能久之。衆生生計界起一大恐慌。國際族際之爭競。遂日亟一日。外人亦漸覺吾族之易與也。稍侵犯之。或且探吾民項下明珠。吾民怒甚。旁觀者拭目。謂龍之將大有爲也。獨東里老人閱世深。揶笑之曰。神龍見首不見尾。蓋逆料吾族之自强有頭無尾也。

果也、龍德腐敗已久。不能自勝。有水患、不能設法補救。致令神洲陸沈。不復成國。於是爲中國之夏禹伯益所驅逐。失故土。而殖民於菹

菹隘且瘠。居頃之。瘴死。餓死。中流矢飛丸死。吾國民不圖救亡之策。乃滋貪汚。食色勢利。一入眼膜。不恤其他。嘗有一二志士。探險敵國。及入夏后宮闕。見其富貴聲色。乃

垂涎焉於是敵人劉累利用其劣根性。奴隸之。犬馬之。卒乃魚肉之吾族益殘。然猶自相鷸蚌至春秋時龍戰龍鬬之事史不絕書

此後並菹地亦不能復居。又被他人奪去。吾龍之子遺。遂零星四散。竄入瘴癘之深山以死滄桑埋沒久無天日淒矣哀哉乃儲為今日之藥品

殷憂曰。子所言。吾知之。子之族。其天演劣敗之族歟。

曰然抑予言天演不如言闅自演之為親切也蓋吾龍族之病源。厥有二字。二字維何。**血冷**惟冷血。故無志空言自強操守不終虎頭蛇尾宜亡者一。惟冷血。故無識大禍將及猶爭小利眼小涎多宜亡者二。惟冷血。故無廉恥勢利薰心甘為奴隸搖尾乞憐宜亡者三。惟冷血。故無愛情日言合羣一有批鱗磨牙相向宜亡者四。

偉男子述至此。放聲大哭。殷憂驚覺。隣鷄唱矣。

龍史氏曰。龍以冷血二字。為彼族之亡因。至痛切矣。然以吾所聞。則龍尚有亡因一字。曰聾聾故外界之風濤聲金戈聲笑罵聲舉無所聞焉夢夢以至於亡。悲夫。

雜纂

最近俄國之大戰備（譯國民新聞）

阜東

(1)西伯利鐵道複線之急造

(2)黑龍江鐵道新設之眞意

三十七八年戰役之後。俄國內政秩序。回復與否。姑置不論。而再施其對外政策之主力於極東在東亞舞臺上更演絕大之活劇當較前爲尤甚者雖不出我國民意料之外然邇者彼政府與議會討論黑龍江鐵道新設之事及西伯利鐵道複線經營之件其期待第二日俄戰爭之心念竟溢於言表非獨我日人爲之警覺凡於極東政局稍有關係之列國莫不皆因之而喚起其注意也

自保烏斯馬斯條約締結後。本紙即載有『俄國之新極東政策』一篇。謂東淸鐵

道。於軍事上無甚價值。可拋棄之。而轉經營黑龍江鐵道之敷設以爲鞏固極東地位之基礎並建築西伯利鐵道之複線以爲運輸二百萬大軍屯集於北滿洲之引導其計畫雖如此然吾人未敢信爲眞者以其財政維艱一時恐難爲力今者竟見諸實事則俄國之大膽妄施貪得無厭以求達其目的於極東者於此可見一斑矣

吾人最宜留意者。俄國政府方値財政困難之時獨能排萬難冒大險而專心致力于此鐵道計畫之進行議會方偏倡民力休養獨至傾注國家武力於極東則三億六千萬盧布之支出亦共表同情此其故果何在哉蓋戰後經營萬事待理籌畫之間頗非易易內政不修則外力日消當局者用爲補救之策故以此種問題鼓播民間激發人氣使之忘內難于不覺專注全副精神于國外一舉兩得正該政府相謀之深而議會相慮之遠且議會人以政府恢復國家威權之道唯在對于極東兵力之增加而鐵道實其引線故其亟亟修築之計畫即國家名譽回復之計畫焉得不樂贊其成以爲極東威壓政策之援助由是以觀俄國上下其對外之野心爲何如哉其對於極東之貪心又爲何如哉時局一變歲月更新即如海軍再興計畫亦殆

全爲鐵道計畫之犧牲至不憚以國家全力傾注於此滿洲送兵之事準備既成則實行之期亦將不遠

日俄戰役後俄國陸軍內部雖紛擾不絕然對于第二戰爭之計畫則着着進行第一則爲極東陸軍本據地之更變蓋日本既占有長春吉林以擴張其勢力則哈爾賓之位置異常薄弱毫不足恃故俄國參謀本部首先定移本據地於義爾克德斯克以與我相待由此出發以窺滿洲則勢力不失而範圍愈廣至與海參衛連絡一層東清鐵道雖屬至便然自戰役之後已供普通運輸軍事上頗非所宜故又取黑龍江線與之相接以爲滿洲集兵之主幹矣

(3)大計畫之表面及裏面

(4)急急戰備之二大理由

俄國政府之計畫此番議會雖已明白表示然究其實不過形式上之一二耳此外更有絕大之事實與否吾人不可不再三研究也西伯利鐵道之複線工事未經議會以前已着手工事其主要部分則限二三年竣工此後五年間將更設貝加爾湖

以西一大部分之複線以完其計畫其實則三年之後爲應急之計無論何時全部複線皆可旦夕而成者蓋其重要部分即工事稍難之處既早先竣工則其他軌條之敷設隨急應變即時可成何須五年之後哉就事實言之自西伯利鐵道西部之起點期廉阿彼斯克起至病言斯克止凡七百五十俄里之間當時雖公言不設複線然自衰加特里布爾克至蘇門之既成鐵道向痾慕斯克延長之議既已確定則將來并行其間之二單線鐵道戰時亦可同複線使用固不必多作此番計畫於事蓋無傷也由痾慕斯克至多慕克斯八百俄里之複線工事既開不久即可竣工後當更築多慕斯克與汙慕斯克間之八百俄里然痾慕斯克起汙慕斯克止豫定三年以內畢事則期廉阿比斯克至汙慕斯克間約二千五百五十俄里之複線三年以內亦可同時告成其他工事最難之貝加爾迂回線戰事中新設工事之時建設一切既與複線工事合併隧道橋梁等亦全用複線形式則軌條一敷大事即成至汙慕斯克與義爾克德斯克貝加爾湖與村達之間其工事行動雖尙無定期然較之其他線路異常容易反手之間蓋可全部敷齊統上觀之則西伯利鐵道四年以

內其全部竣成之事可期待也

若黑龍江鐵道。俄國計畫最久。東方一部。自海參衞至哈巴洛夫斯喀。西方一部。自海伊達爾堡至斯特列田斯克。工事雖竣。邇者又因對於極東戰備之必要。政府竟不待議會協贊。即以緊急勅令告諭官民。決築斯特列田斯克至哈巴洛夫斯喀間二千數百俄里之軍事鐵道。促其即時動工。至於議會之決議。不過事後之承諾耳。其大部分之進行。現已見諸實事。即所謂豫定五年之計畫者。至遲於千九百十一年必竣工也。西伯利鐵道之複線與黑龍江線既成。則當更進而爲中央亞細亞達失干及多慕斯克間之建設。計畫已熟。則着手之期。恐亦不遠。至於蒙古鐵道。其線路至今仍未定者。蓋因財力牽制。而不得兼及故也。使財政稍舒。則工事之起可豫決也。

然則俄國之急急戰備。大事鋪張者。果何爲也。豈俄國壓迫極東以恢復國家之威權故耶。就吾人軍事之觀察測之。日本軍備擴張。其實際効果之眞現。當在十年以後。故今後十年以內。即我軍備未成之先。彼能於戰事十分豫備。則必乘我之虛而攻其不備其理由一日英同盟七年後將次告終繼續與否尚難預知若盟事一罷彼必乘機紛擾以爲第二日俄戰爭之發端其理由二吾人聞之能不恐慌以自備耶。

日本軍制攷（續第三號）

懷椎

第四章　衛戍

軍隊駐屯於永久不移之地者。稱爲衛戍。以衛戍之駐屯。爲各團隊之分配。此等隊以所在地之高級團隊長爲司令官。其勤務及官衙如左。

衛戍勤務

衛戍勤務者。任衛戍地之警備。及陸軍之秩序、軍紀、風紀、之監視。並陸軍諸建築物之保護。

衛戍病院

衛戍地之病院。專爲醫治所在地之陸軍部隊中之患病者。且掌衛生材料之保管供給及衛生部下士以下之教育。其院長隸於所在地高級團隊長。下置軍醫、藥劑官、主計、及下士、若干人。其病院屬衛戍司令官管轄。

衛戍監獄

衛戍地之監獄。專爲拘禁衛戍地駐在之軍人之犯罪者。若在鄉軍人犯罪。仍歸普通監獄拘禁。不在此內。其監獄、置獄長。隸屬師團長部下。其下置看守長。及看守、若干人。其監獄亦歸衛戍司令官管轄。

第五章　要塞司令部

以永久防禦工事爲守備之所。謂之要塞。置要塞司令部。司令官隸屬於要塞所管之師團長。擔任要塞之防禦計畫。又監視要塞諸部砲兵隊之教育訓練。及動員計畫。並管理要塞之兵器材料。營造物之防禦軍需品之整備等。如有其他意見。則報告師團長。關於專門之事。則告知要塞砲兵監。其下置參謀副官、部員、主計、及准士官、下士、判任文官。

第六章　師團司令部

師團長隷屬於天皇。統率部下軍隊。管轄聯隊區司令部。又掌各團隊動員之計畫。總理師管內之徵兵事務。及其軍隊教育之件。

按師團司令部關於軍政部人事則受陸軍大臣之命令關於動員計畫作戰計畫則受參謀總長之命令關於教育則受教育總監之命令雖隷屬天皇然尤不能爲獨立機關

其他總監。在師管內。有軍令軍紀風紀之管轄。若軍法會議時。遭不時之變。由地方長官請求兵力。此時宜直接急應之。而後報告於陸軍大臣。

第七章　旅團司令部

旅團長、統率部下之聯隊。並統監聯隊內訓練風紀軍紀。以及將校之教育。內務經理。動員計畫等事。

(例外) 各聯隊本屬旅團長統率。然戰爭之時。可直接於師團長。不必由旅團長經理。

第八章　將校之分限

將校終身保有其官者。遂被其制服。對於其官享禮遇。曰將校之分限。

將校非因左列各條。不失其將校之分限。

（一）許本人之請願免官。（如有疾病請求於天皇而退官者。）

（二）失爲本國人之分限時。（如歸化他國者。）

（三）被處重刑罰時。（如被處徒流懲役監禁等刑者）

（四）被處禁錮之刑。而失其官時。（如處禁錮其職銜者）

將校之位置分四種如左

（一）現役　現役云何。即奉本軍軍人之職務者。如海陸軍各部之文官是也。然現役亦有休職停職之時。

休職云者。因疾病傷痍至六月之久而未愈者。又徵候之時。因本人之願修學。則准其休職。此則與無職等。

停職云者。其行爲有犯軍紀。情狀稍輕。即停其現役之職務。謂之停職。但必經一年後。始能就現役。

（二）豫備役　豫備役者。休職五年間不就職。而由一年志願兵被任爲士官。或由豫備準士官被任爲士官者之謂也、

（解釋）豫備役云者。因現役已終。期滿休職之謂、由一年志願兵。如中學卒業生。及法律師範卒業生等。皆可爲之。志願者入聯隊一年。即可豫備爲士官。所謂豫備準士官者。如當戰爭時。有功績之特務曹長。亦可被任爲士官之謂也。日本一般普通士官。必士官學校卒業。方可爲之。若一年志願兵及特務曹長。不必入士官學校。而可爲士官者。乃例外也。

（三）後備役　後備役云何。在豫備役中年滿而退伍者。謂之後備役。（日本軍制規定年齡現役三年、豫備役三年、後備四年、又大佐五十五歲、少佐五十歲、皆爲年齡期滿者、）

（四）退役　退役云何。在後備期滿。又因疾病永久不堪服役者。即歸入退役。（如因戰受傷、退役療治之人、但雖退役、仍不失爲軍人資格、天皇並有恩給以贍養之、）

第九章　徵兵

第一節　兵役之區分

徵兵之制。以戶口之丁壯。徵而服役之謂也。日本制度。男子滿十七歲以上。至四十歲以下。皆有服兵之義務。然被處重刑者。則不得服兵役。

兵役分四種。一常備兵。二後備兵。三補充兵。四國民兵。

常備兵又分現役及豫備役

現役者、即現服兵役之任務者。豫備役者、即由現役滿期而退伍者。分言之則有現役豫備役二種。合言之則皆稱爲常備兵。

各兵役服役規則及年齡如左

現役二十一歲至二十三歲。在聯隊服現役之任務三年期滿。即退入豫備役。

豫備役年在二十七歲以後。爲現役所退者。此兵經入豫備即可歸家。仍執舊業。以待國家有事。就服兵役。不過備現役不足時用之。一年期滿。退爲後備。

後備役、爲豫備年滿退入者。年在二十八歲至三十歲者服之。此兵爲豫備職時不足而後用之。

國民兵。有第一第二之分。第一國民兵。已超過常備後備補充等兵之資格者服之。年在三十一歲至四十歲以後。此兵爲後備之不足用時而後用之。第二國民兵。則以未服過兵役之任務者服之。

第二國民兵。及補充兵之資格。必如何而後可。日本徵兵。每年一次。十月舉行。始則用身體檢查法。其身體合格者。使服任務。例如應募合格者有八千人。而現役額僅容五千。其所餘之三千人。以二千人爲補充兵。以一千人爲第二國民兵。

第二節　服役之區分

現役兵及補充兵。以每年所必要之人員。依壯丁之身藝能力職業區別之。若步騎砲工輜重兵及雜役等。由抽籤法。當籤者充之。雖未至二十歲。在十七歲以上者。得因志願而服現役。

（解釋）抽籤法。例如聯隊中缺兵額八百名。而所徵之合格兵數一千人。則用抽籤法。依番碼之次序。如數收入。其餘之二百人。作爲補充兵。

現役可爲各種兵役者、區分如左。

(一)志願現役兵

(二)一年志願兵

(三)六週間現役兵

(四)猶豫兵

志願現役兵者。因志願而服現役者也。現役兵本以二十歲爲原則。但因志願。雖滿十七歲者。亦可服現役。

一年志願兵。滿十七歲以上二十歲以下。在官立學校。除小學科及選科等 及府縣之師範學校。中學校。經文部省認可爲同等之學校者。受過法律、政治、理財、諸學科。既卒業而又試驗及第。自備服役中之食料、被服、裝具等之費用。食料費金六十圓被服裝具費金四十圓若入騎兵隊此外尤須自備馬糧裝蹄剃毛馬藥等費金二百六十圓 爲豫備後備將校之希望者。得因其志願。服一年現役。

六週間現役兵。滿十七歲以上二十八歲以下。在官立師範學校卒業者。及任過官立公立小學校教員者。使服六週間現役。但此等短少之役。惟限於此兩種人。而其他之人不能服也。其故有二。

(一)期滿出隊。仍可服舊日之教職。其教授生徒時。可將隊中之操練。及精神上之軍事教育。授之生徒。俾得早發其愛國思想。及養成一般國民之資格也。

(二)戰爭之勝負難期。有時常備後備。前後皆已出征。則此等教員。正可充國民兵之幹部。訓練國民兵役。苟常備後備再有挫敗。此所練之國民兵。亦得爲之後援也。

猶豫兵。官立學校。師範學校。中學校。及文部大臣認爲與之同等之私立學校之在校者。因本人之願。至滿二十八歲。猶豫徵集。倘過二十八歲。尙未卒業者。不依抽籤法。至滿三十歲。則徵集之。若在外國者。因本人之願。猶豫徵集。滿三十二歲。使服國民兵役。

猶豫兵者。以本人當服役之年。尚在學校。未經卒業。此必待卒業後。使服兵役。是之謂猶豫蓋學校者亦所以造就人材。爲國家用。若不使之卒業而徵爲兵役。則學業中止。未免於造就人材之一方面。大有妨礙。因設猶豫之法。待至二十八歲卒業後。令其服役。倘二十八歲仍未卒業。至三十歲時。可檢査其身體。不用抽籤法。直接服役。若居留外國之人。更加四年。以三十二歲爲限。過三十二歲回國。使服國民兵役。而不服現役也。

第三節　徵募　配賦

每年徵募事務執行時。於徵兵官之面前。施行壯丁之身體檢査。而區別其體格之等位及兵種。

（解釋）徵兵官。以聯隊區司令部之中佐少佐爲之。（日本聯隊分四區）如有此區缺員時即以彼區之中佐少佐徵募之。其施行身體檢査之法。必當於徵募官之前。以防軍醫循情舞弊。妨害軍隊也。檢査時必區別其體格之等位。分甲乙丙丁戊五種。甲乙丙爲合格。丁爲不合格。戊爲延期徵集。俟翌年再行檢査。合格之內。

甲乙徵爲現役及補充兵役。丙爲國民兵役。

配賦者、每年當徵兵之現役及補充役之員數。經上裁由陸軍大臣調查總數。配賦於各師管。師團長受陸軍大臣之命任。將徵集之現役兵及補充兵役之要員。轉分配於各聯隊區。（未完）

商業地理談

遺譯

第一卷　濠洲及大洋洲諸島(Aurstralasia and Oceanic Islando)

第一編　馬來羣島(Malaysia ar Malay Archipelago)

第一章　地文並政治地理大意

關於馬來羣島之範圍及其境界。古來學者有種種之說。而不能歸於一定。其面積約二五〇、〇〇〇方粁。可當歐羅巴四分之三。地形亦頗複雜。其中二三小島山低而傾斜亦緩。然其他火山島。而有高峻之山峰。向深海而急斜。就中如卜爾乃屋(Borneo)及斯馬多拉(Sumatra)二島。則有多少大陸之性質。山脈高而平原亦大。

分馬來羣島之各部分。於池得(Sunda)羣島之中。作一大海溝。莫利烏哈(Molu-ca)及司利排司(Celebes)二島則在此深海區域。其他羣島。概居於淺海中。各島嶼中間之深度。超過九十米者無幾。內海之各部。位於沿岸。其有因最大島之名而以名海者。則有假衛(Java)追得(Banda)司利排司(Celebes)等海之名稱焉。

在馬來羣島之中。海峽亦從之而多。殆有不能列舉者。就中舉其二三之主要者。則斯馬多拉(Sumatra)假衛(Java)二島之間。有池得(Sunda)海峽。卜爾乃屋(Borneo)司利排司(Celeber)二島之間。有馬卡沙爾(Macassar)海峽。

馬來羣島之動植　在亞細亞與濠大利之間。其生物之界線。依委來司(Walles)線。而於羣島之中央兩斷其東西。依此界線屬於西之地方者。其動植物類似亞細亞。有如印度支那植物則產甘蔗、藍、茶等。動物則產象虎等。又卜爾乃屋(Borneo)地方。特產猩猩(Orang-outang)界線之東。則屬於窩司打列西阿之生物界。

此羣島之人種。甚爲混亂。其原始人類。有如大洋洲之黑人。馬來人種。於十二世紀。自馬來半島移居於此。黑人(Negrotas)至今日大減其數。僅成一小部落。現所存在者。不過住居於菲律賓羣島之山地者而已。其他金吉羅羅司（Djilolos）撒拉木（Ceram）等土人。住居於各處之山地。

印度羣島種（Indonesians）類似白人。而卜爾乃屋（Borneo）內地之打若司（Dayaks）人種及斯馬多拉（Sumatra）島之把提司（Battas）鹿損（Lujon）島之特卡路司（Tagals）等人種皆是也。其他羣島人足所至之地。皆有印度人。而與阿拉比亞之人種相混。現今白人之數。約有六五、〇〇〇。英人之數足以匹敵印度矣。

初起植民事業於卜爾乃屋島者。其時在一五二九年。而以火爾多卡人爲嚆矢。至十七世紀。烏浪打人復占領此地方之全部。自一六一一年以後。火爾多卡所領之地。僅特毛爾（Timor）島之一半而已。又菲律賓羣島司格引王菲律賓二世。因其名而命菲律賓羣島曰菲律賓。長爲司格引之領土。迄前世紀之末。司格引失敗之結果。終爲阿美利加合衆國所領。

第一　**烏浪打領印度**　現今烏浪打所領之印度。其地域甚廣大。而其內所包含之諸島嶼。如斯馬多拉（Sumatra）假衛（Java）司丹諸島。及特毛爾之東半卜爾乃屋（Borneo）之四分之三。司利排司（Celebes）莫利烏哈（Moluca）紐泥阿（Ne-wgeninea）之西半部等。而其實面積則有一八五、〇〇〇方粁。人口達於三八、〇〇〇、〇〇〇而有餘。直一大殖民帝國也。

此群島分爲十三洲。又細別爲四十郡。就中假衛（Java）位於北岸。屬島馬久拉皆爲其直轄之領土。其他之地域。爲其外部之領土。於其行政上。則有總督及印度參事會。

斯馬多拉（Sumatra）島之面積有四四三、〇〇〇方粁。殆與烏浪打相均。島內最高之山脈。有三五〇〇米。活火山甚多。人口凡有四〇〇〇、〇〇〇。

假衛（Java）島亦與斯馬多拉（Sumatra）島相等。高山亦多。火山之數。達至五十。其中活火山有三十餘。而其高量平均有五〇〇米。此島爲沁得（Sunda）群島中最豐饒之地。農產物以煙草、綿、玉蜀黍爲多。而耕作亦盛。人口與馬久拉合算。則有一九〇〇〇、〇〇〇。其最稠密之地。一方粁有二一八人之多。然白人之數有三〇、〇

○○。首府把打衛加(Biatavia)(人口一一五、○○○)位於本島之西北岸。晒馬拉(Semarang)(人口一○九、○○○)及司拉把(Sourabaya)(人口二○九、四○○)共爲北海岸之要港。而司拉把特爲軍港。

卜衛乃屋(Borneo) 在羣島之中。其面積最大。而其地形亦與假衛(Java)斯馬多拉(Sumatra) 等大異。海岸之地。概爲平坦。然入其內地則丘陵甚多。山脈之數由六○○至一、○○○米。中央部之最高點。約達至三、○○○米。然火山尚未發現。此島本屬於烏浪打地方之外。爲半獨立。而被人保護者也。其北部有酋長。而屬於英吉利。其屬於烏浪浪者。面積有五五三、○○○方粁。人口有一○八八、○○○。

司利排司(Celebes)島。其形爲K字狀。由四箇半島而成。火山亦多。面積一二八四、○○○方粁。人口有一、四三○、○○○。

紐泥阿(Newgeninea) 屬於烏浪打印度者有三九四、○○○方粁之面積。與二四○、○○○○之人口。

第二　阿美利加合衆國之領土　菲律賓羣島。在臺灣與烏浪打領印度之間。爲連珠狀。延長有一、五〇〇粁。此島由多數之小島而成。而附屬以大島十二。面積約三、〇〇〇、〇〇〇方粁。人口七五〇、〇〇〇。

辣損 (Luzon) 島在羣島中之最北部。面積最大。人口亦密。島中之產物甚多。其首府馬泥辣 (Manilla) 在島之西海岸。其他閔他伊窩 (Mindaiaso) 島全島純爲火山。森林雖多。而皆未開掘。

第三　英吉利之領土　在卜爾乃屋之北端一領土。名曰北卜爾乃屋。(North Borneo) 含有英吉利辣布阿 (Labuon) 殖民地之一部分。其地有最主要之炭坑。英吉利據之以爲海軍根據地。其西有沙辣瓦苦。(Sarawak) 一八四一年。英人 Sir James Brooke 所創之獨立國。至一八八一以後。全歸于英吉利之勢立圈內。此外位於北卜爾乃屋與沙辣瓦苦之間。有布爾乃 (Brunee) 獨立國。其國之版圖。爲英吉利近年所減縮。現今純爲英吉利之保護國。其首府在辣布阿 (Labuon) 島。名曰烏苦惰利阿。

以上之領土及保護國皆甚小。合計其面積。不過一九二、〇〇〇粁。人口亦僅五五〇、〇〇〇而已。

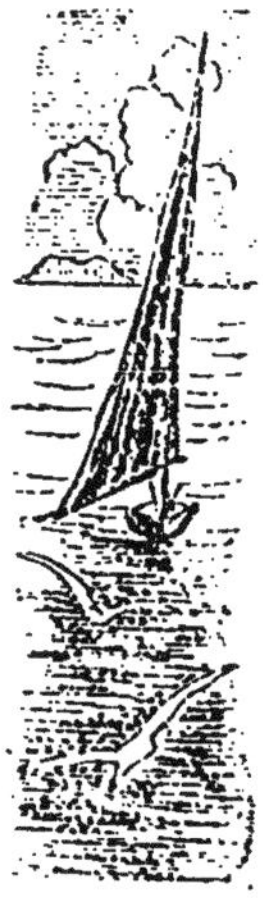

史地第四號刊誤表

頁	行	誤	正
插畫第一	一	府。	府東
	三	石。之規始。	石橋之規始大
二	五	起	足
四	十二	先先	先
五	一	一耳	一派耳
八	八	冠	寇
九	十	與	興
十四	十一	關	闕
十五	十一	彈	殫
十八	八	游	遊
二十一	七	先	失
二十二	一	隨	墮
二十五	十二	與	輿
二十六	九	與	興
二十六	十	若	苦
二十九	四	未	末
二十九	九	數	敷
二十九	十	所步	步
二十九	十	明。	明於
三十四	十	顧罪	罪顧
三十五	九	政憲	政黨
三十八	二	鄰	鄰
四十	十一	觀	觀
四十一	五	何以下脫故以二字	
四十一	九	政府下脫尙字	
四十一	十	間	間
四十二	十	從	徙
四十三	五	服。	服者
四十五	十一	生。	生爲
四十六	十	故	固
四十八	一	程衍	
五十	一	Conuection	Convection
五十	四	向傾	傾向
五十一	一	沿	沼
五十一	四	開	間
五十二	十	費之	之費
五十七	三	也終至	⊙○○
五十七	七	而對於濕熱性	土壤因種類而對於

五十八	二	質及水之不同即水分吸收作用	溫熱性質及水之性質不同水分吸收作用
六十	十二	之	○
六十二	六	甃	甆
六十六	五	苦土鐵	苦鐵
六十七	十三	僯國	隣國
六十八	十三	葉	菓
七十	七	智識上多一不字下落一所字	
七十一	五	何	可
七十一	十二	士	土
八十	一	椿	椿
八十二	五	喧	暄
八十三	十一	聲	猶
八十四	四	從	滓
八十四	七	急	性
八十七	一	十六歲	十一歲
九十四	十三	滓	渡
百五	四	鑁交鏈下	鑁鏈交下
		病言	疴幕

二

百六	三	人事上多一部字	
百七	七	其職銜上落一革字	
百十四	五	Islands	Islands
百十六	四	Dayako	Dayako
百十八	二	Sourabaya	Sourabaqa
百十八	八	烏浪浪	烏浪打
百十九	四	Mindaiaso	Mindasias
百四十七	十二	綠	綠
百四十八	十三	蒸	熱
百四十九	七	冰	水